教出殺人犯

岡本茂樹

你以為的反省，只會讓人變得更壞

反省させると犯罪者になります

黃紘君 譯

Shigeki Okamoto

推薦序

你以為的反省，只會讓人變得更壞

Foreword

◆推薦序

——讓幽微的亮光照進黑暗的未來

岡本茂樹教授曾任職於日本京都立命館大學，於二〇一五年去世。早年曾基於臨床教育學的專長寫過兩本有關角色書信療法的書籍，其後借重以往接觸或處遇受刑人與非行少年的經驗，專注於犯罪原因的解析與更生手段內涵的描述。

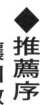

第一本是二〇一三年年初的《無期徒刑受刑人有可能更生嗎？：一個人真的無法改變嗎？》（無期懲役囚の更生は可能か—本当に人は変わることはないのだろうか），幾個月後立即出版本書《教出殺人犯I：你以為的反省，只會讓人變得更壞》（反省させると犯罪者になります），而其生前最後一本書是二〇一四年的《教出殺人犯III：治好心裡的傷，才是真正的教育》（凶悪犯罪者こそ更生します）。

第一本與第三本顯然是相關作品，按其計畫應該會出版續集，然而卻在書寫草稿的階段病逝。遺屬將教授的手稿寄給出版社，在出色的編輯下出版了其生平的最後一本書《教出殺人犯II：「好孩子」與犯罪的距離》（いい子に育てると犯罪者になります）。於這本遺著中，岡本教授表明壓抑下成長的非行少年無法展現自我，若欲促成其更生，必須在傾聽、包容、接納的情境下令其安心，開始學會如何仰賴他人而活，只有在對他人敞開心胸時才會邁出更生的第一步。因為是遺稿，縱然經過編輯，仍有些凌亂或不清楚之處，而這些缺漏或遺憾，應該可以從本書中得到解答。

岡本教授於本書的論述有點凌亂，可能是因為他想強調處遇時協助者的應採態度（傾聽、包容、接納），而有些潛在協助者以往所採的態度與基本概念（管教、壓抑、反省）正是造成犯罪、非行、自殺，甚至精神疾病的源頭。或許是有這樣的疑慮，本書後半部談到協助者時，刻意提到其可能採取的錯誤態度或手段，而這些在本書前半部就已經提及。

讓我們用李馬特（Edwin Lemert）於前世紀六〇年代所提倡的標籤理論來

整理一下。首先會有一些原因造成第一次偏差行為，就岡本教授的觀察，原因不外乎是傳統優良美德（其實僅是偏頗的價值觀）的刻意強調、家庭的壓抑、學校教育的氛圍，這些都會讓未成年人產生壓抑、孤單與悲傷的心境，進而無法輕鬆表達真正的自我。無法依賴他人，只好依賴藥物或菸酒；沒有朋友，所以縱然知道不是好朋友，仍舊盡力維持關係；被霸凌時，為了不顯示軟弱，於是找更弱的同學霸凌。而國家，特別是司法，針對第一次偏差行為中較為嚴重的非行或犯罪會採取壓制的手段，一旦沒有太多明顯效果，手段會愈來愈重，進而阻礙更生，這就是產生第二次偏差行為的原因。

岡本教授對於這種作為犯罪原因之一的司法作用，在本書最後些微提到一下，並沒有更深一步予以闡明，但應該已經足夠警惕我國的一般民眾或立法委員。不過，本書所提到的是司法（行政）作用中更為幽微的部分。

在上世紀中葉起，為緩和嚴苛的司法作用，全世界展開以善為名的矯治工作，並開發無數的矯治手段，諸如納入被害人觀點的教育、角色書信療法、內觀療法（在國內又稱為正心法），甚至霸凌防治教育等等。姑且不論這些矯治或教育手段的本意如何，於實踐中都在在強調如何讓加害人理解被害人的痛苦，似乎認為只要加害人認知到被害人的痛苦，那麼就可能產生反省，而這個反省是更生的第一步。我們到底是多麼重視反省？這點只要看看司法實務就會明瞭。我們在實踐修復式正義程序時，首要就是要求加害人反省與道歉；再觀諸規範量刑的考量要件時，特別著重所謂的犯後態度。然而，這些強調反省的例證都是反於一般人心理常態的舉措。

一般而言，當我們犯了錯，首先絕對不是反省自己，而是找藉口「正當化」自己的行為，這點只要去看馬札（David Matza）漂流理論中的中立化技巧就可明確掌握。我們絕對不是一開始就會反省自己的錯誤，而是會找一些藉口，例如「都是對方先刺激我」、「我怎麼這麼衰碰到這種事」來緩和衝擊。所以剛犯錯就要求行為人寫「悔過書」的一般教育現場手段，其實僅會造成虛偽的反省，頂多就是寫寫模範例稿做做表面工夫而已，而且愈是老鳥，寫的例稿會愈加完美。這些都會讓行為人產生更多壓抑與不滿，進而繼續犯錯下去。

岡本教授認為，反省的第一步應該是讓行為人更加理解自己，所以首要的矯治手段應該是從加害人觀點開始。矯治與更生的協助者應該幫助行為人自省犯罪行為的原因，或許是遭受家暴，也可能是被霸凌。當行為人將自己的負面情緒全部宣洩出來，不逞強地面對他人給予自己的痛苦，示弱、訴苦後，才能將心比心開始同理被害人的痛苦。協助者應該鼓勵這種發洩，而不應採取說教的態度，因為只有在這種發洩中，加害人才會開始說出真話，脫離自我貶抑與壓抑，展開更生的第一步。

岡本教授認為事件發生後立即強求反省的慣例，是造成再犯的重要原因之一，強求反省不會創造出信賴他人的人際關係，而訴苦、服軟、示弱與依賴才會讓行為人展現出真正的自我，在此基礎上真正的更生才會邁出第一步。

本書完整表達了岡本教授的教育理念，或許與一般人的想法有所不同，甚至讓一般民眾無法苟同。但是在處罰日趨嚴苛、再犯不斷、校園霸凌層出不窮、親職教育不彰的此刻，換個腦袋或觀點觀察事物，絕對是突破瓶頸展望未來的手段之一。希望本書譯本的出版，能夠讓黑暗的未來有些幽微的亮光。

國立臺灣大學法律學院名譽教授／李茂生

◆推薦序
——「真確」的反省從傾聽開始

「要求做錯事的人反省，反而會讓他成為罪犯」，這個觀點，乍看之下我也「卡住」了，最直觀的反應是：提出這個主張的人，難不成是在縱容做錯事的人可以「毫無悔意」嗎？坦白說，若不是我讀過作者岡本茂樹的其他著作，得知他不僅是臨床教育學的專家，更重要的是長期與學生、受刑人相處，從各個角度來看，都遠比社會上多數人更近距離探究行為的根源與後續的處遇，於是我讀了下去，很快的，這本書不再那麼「咬手」了。

我對岡本教授提出的一個小故事產生認同：他不慎導致擦撞事故，當下明明是自己的錯，內心卻犯著嘀咕——實在太倒楣了。從這個例子切入，我們自問，搞砸事情的當下，「反省」會在什麼時刻出現呢？很少人會立刻、不假思索地反省自己，在此之前，我們內心會冒出許多與反省沒那麼關聯，甚至相衝突的情緒。

是的，若我們稍微「反省一下反省」，應該會承認反省是一個相對「遲到」的情緒。這就是岡本教授的理論基礎，他並非認為反省不重要，相反的，就是因為反省太重要，我們必須追求反省的「真確」。而他認為，反省的真確，關鍵來自做錯事的人的聲音先被接納。到此，我猜有些人再也「看不下去」，想要翻桌疾呼：什麼，不能要求他反省就算了，還要傾聽他的心聲？沒錯，輔導學生、受刑人數十年，接觸眾多案例，岡本教授得到一個結論——唯有先傾聽那些做錯事的人，發自內心的反省才有現身的空間。

岡本教授歸納他在學校、監獄的見聞，大多數的「失序行為」除了先天性、病理性狀況，都能連結到行為人根深柢固的負面情緒。許多非行少年或受刑人並非天生傾向犯罪，而是從小到大浸潤在壓抑、有毒的環境，內心逐日增生惡意，久而久之，惡意會朝著兩種方向發展，一是對內的攻擊行為，即精神疾病，另一是對外的攻擊行為，即犯罪。兩者並不互斥，有時會同時存在。臺灣投身偏鄉教育，著有《走過愛的蠻荒》的文國士也提出近似的論點：「問題學生是被問題圍繞的學生，而不是問題本身。」

在這種前提下，岡本教授指出，要求做錯事的人好好想想自己哪裡做錯，而不是從根本去治理那些惡意的源頭，不會得到真正的反省，只會得到有模有樣的表面工夫。他執業多年，親眼目睹學生和受刑人如何揣測「上位者」的心思，或寫出文情並茂的悔過書，或一臉聲淚俱下，等到鎂光燈移走又故態復萌。讀到這，我相信很多人內心或多或少都會浮現那些裝模作樣的反省。岡本教授不僅批判這些反省一點效果也沒有，同時提出個人長考多時的替代方案。他以自己輔導、伴同學生和受刑人「改變」的經驗，摸索出上述做法。他在書中舉出許多實例，只要我們給予做錯事的人表達自我的機會，這些人在陳述過程中，不知不覺也會辨識到「自己似乎對別人做出非常可怕的行為」。

我如此詮釋岡本教授的主張：若我們把反省想成一件，我們想放進「做錯事的人的內心」的事物，得先淨空那些堵塞住他們內心、讓他們犯下惡行的痛苦與焦慮。杜斯妥也夫斯基著名的《罪與罰》，主角拉斯科爾尼科夫在鑄下殺人重罪之後，暗施巧技，躲避警方追緝，直到遇見索尼婭。拉斯科爾尼科夫在這個女人身上，看見自己過往經歷過的羞恥與疏離，而這休戚與共的感受，成了他道德重建的基礎。早在一百多年前，小說家就已暗喻，唯有「共鳴」與「連結」才能讓人澈底理解身而為人的價值，明白自己對其他生命施加的苦厄是多麼殘忍的罪行。岡本教授並沒有輕看每個行為人所造成的傷害，而是嚴肅以待，並且希望行為人也嚴肅以待。他也提到一旦行為人進入真確的反省，精神上的負擔將遠比那些做做樣子的人還要強烈。再來，這樣的反省是沒有終點的，是至死方休的，從這個基準上看，我們或將後知後覺，岡本教授對做錯事的人有柔軟的關懷，但更不乏嚴格的期許。

比起事後處遇，人們更在乎的莫過於事前如何防止，打從根本就消除、緩和惡意的滋長。道理是一以貫之的，岡本教授在書中介紹了不少方法，核心精神在於，我們必須從日常生活就讓一個人感覺自己是被視為重要的，他的生命有其獨一無二的價值。其中有個觀點是別對孩子講道理，「道理沒有錯，但會讓孩子無話可說」，這句話讓我深受觸動，讓孩子認識什麼是「正確」之前，有一件事更重要，也必須先被執行，那就是允許他們「有自己的感覺」，唯有如此，我們渴望的「孩子能同理別人的感覺」才有萌芽的契機。

作家／吳曉樂

◆推薦序——曾被好好對待，才會好好對待他人

媽媽，妳是怎麼看我的呢？如果當初妳好好聽我解釋，或許我就不會霸凌別人，也不會走上犯罪了吧？要是那時妳能抱住我，好好對待我，我的人生是不是就會不一樣了呢？我不是要怪妳，只是希望妳能收到我發出的求救訊號。

——後藤公男（化名），殺人罪被告

如果曾經有人願意好好聽他們說話，是否就有機會「變好」呢？岡本茂樹的《教出殺人犯Ⅰ》中提及後藤公男的案例——公男在學校被霸凌，他想到的方法就是和圈子混熟、一起抽菸、給同學錢，為了在學校安然度過，他也曾偷過母親的錢來應付同學。當他終於說出偷錢的動機，母親不是抱抱被欺凌的兒子，而是

要他反省：「被同學霸凌要自己解決，你現在發誓，不會再偷拿我們家的錢。」

公男當下依母親要求發誓不再偷家裡的錢，改成偷外面的錢，後來輟學加入黑道，在老大指示下殺人，只因老大的一句話，讓他這輩子第一次感受到自己被深深信任：「我很信任你，萬事拜託了。」於是，公男成了殺人罪被告。直到身陷囹圄，他才一步步釐清：他不是想殺人，只是希望得到關愛。

希望得到關愛而引發的悲劇，在臺灣亦有之，我想起兩位過世的「弒父」死刑犯陳昱安與翁仁賢——二〇一〇年九月十三日晚間，陳昱安帶著兩把刀斬殺父親，一把斷了就換另一把，一共斬了一一一刀；二〇一六年二月七日除夕夜，翁仁賢在牆面寫下「坑人很爽，等我回來」等語，在全家團聚的時刻一把火燒死八十餘歲的父母、多名家人與姪輩，還有無辜的看護。

陳昱安與翁仁賢的「弒父」動機，攤開判決書，或許源於他們都是父親眼中的「廢物」。例如陳昱安，都已經是成年人卻無法搬出去生活，年邁父親要一邊做保全工作一邊操心這兒子；例如翁仁賢，五十多歲還是寄居家中抱著他的農場夢，動不動跟家人起衝突，成為一顆「未爆彈」。

所以，他們殺人，真的都是因為父母不愛也不理嗎？事實並非如此。陳昱安的父親雖然一再要兒子滾出這個家，依然照顧成年的兒子多年、支應其生活費，哪怕這父親已經年邁；翁仁賢的家人雖然看似瞧不起他開農場的志向，甚至毀了他珍愛的孤挺花、日本大蔥、培育的吉娃娃，那場火災被燒傷的哥哥在媒體專訪提到，他一直放不下性格偏激的弟弟，常拿佛經給他看、勸他好好過生活。

那些「被害人」並非「加害人」所述的罪大惡極、漠不關心，他們也曾經以自己的角度試著去關心「沒救」的家人，只是很遺憾雙方沒有交集，一方認定家人都瞧不起他、家人則認定此人無藥可救，直到引發難以挽回的悲劇。

翁仁賢在二〇二〇年四月一日愚人節被執行槍決之時，都不曾表達對家人的歉意。臨刑前他要家人「好好保重身體」，他說，不管輪迴幾次都不會後悔、都要殺遍他們。

陳昱安與翁仁賢真的只能走到「殺人犯」這步嗎？其實他們與本書提及的

個案公男一樣只是希望得到關愛，卻無法與家人對上頻率，進而引發悲劇。他們生前各種犯案動機透露出的求救訊息一如公男所言：「要是那時你能抱住我，好好對待我，我的人生是不是就會不一樣了呢？」

岡本茂樹在書中以其社會學、教育學、陪伴受刑人的經歷，不斷強調「反省」、「道歉」會教出殺人犯——這看似要人別反省、別道歉，但認真讀完，他其實比誰都還要期待真正的「反省」與「道歉」。這絕不是形式上的書寫悔過書、列舉自己做錯哪些事、宣告永不再犯，岡本茂樹說，是需要真正被理解與傾聽。一個人不再犯的關鍵並非寫悔過書，而是懂得依賴他人、覺察人存在的重要性與生命的重量。

人的行爲就像一面鏡子。只要曾經被好好對待，就能好好對待他人；反之，遭人冷漠以對，面對他人也會變得冷漠。

——岡本茂樹

何謂「曾經被好好對待」？誰都不知道標準答案，公男的母親當年喝斥孩子別再偷家裡的錢，肯定也是希望孩子未來可以變好；陳昱安的父親希望不成材的兒子滾出去，肯定也是幾經思量而痛下決斷；翁仁賢的家人一再貶低其志向，也是希望這個老么選擇更可能在社會上生存的機會。

這些悲劇的共通點是，其實沒有誰是真的「罪大惡極」，加害人與被害人都是，但「罪大惡極」的事情終究發生了，無可挽回的殺人犯行、生命的逝去。

我無法評價這些悲劇裡的人是對是錯，但尚未面臨這些悲劇的人們啊，如果有機會讀到岡本茂樹的《教出殺人犯》系列，希望您們記得公男的心聲，他需要的並不是寫悔過書、發誓自己永不再犯，而是有人能接住他的求救訊號。

風傳媒、新新聞記者／謝孟穎

目次

你以為的反省，只會讓人變得更壞

Contents

目次

CONTENTS

Chapter 4

努力「管教」會教出罪犯

頑張る「しつけ」が犯罪者をつくる

Chapter 5

如何讓孩子與自己都不要成為罪犯

我が子と自分を犯罪者にしないために

結語

前言

你以為的反省，只會讓人變得更壞

Preface

◆前言

要求做錯事的人反省，反而會讓他成為罪犯，怎麼可能有這種事？做錯事就該反省，這不是天經地義嗎？

各位會這麼想，是因為這是我們社會上不容置疑的基本常識。但是，容我再說一次，讓做錯事的人反省過錯，他最終會成為罪犯，即使是自己主動反省也是一樣，結果就是會走上犯罪一途。

到這裡應該有讀者很想反駁吧？大多數人都會反省，但也沒有被關進監獄不是嗎？不過，請各位將掌心貼緊胸口仔細想想，即使沒有犯下重大罪行，是不是也曾經有過「輕微犯罪」呢？例如跟朋友借了書或錢卻沒有還、將公領域（例如學校或公司）的文具帶回家卻沒有物歸原處，這樣的行為就是犯了竊盜罪。

通常這種狀況除非自首，否則大概不會被發現。即使被發現大概也不會真的被問罪，說句「我不是故意的，真的很抱歉」就結束了，而這就是我認為的問題所在——**「做錯事」↓「說對不起反省」↓「結束」的模式**。

如果是一、兩次可能真的是不小心，但同樣事情若一而再，再而三發生，那或許存在著當事人必須面對與處理的心理問題，無視於內心的問題，只要求他反省，不但使他更不了解自己的問題，還可能助長未來犯下重罪的風險。當然本書所強調的不是輕微犯罪，而是將反省視為理所當然所導致的「重大犯罪」。

到這裡應該又有人想反駁了：「我也很常不小心，但是絕對不可能犯下重大案件。」但又有多少人能百分之百保證呢？即使不是自己犯下重罪，在教育上重複上述模式，可能是自己的孩子誤入歧途或犯罪，又或者不是自己的孩子，而是他的孩子（孫子）犯下嚴重罪行，抑或是再下一代的曾孫……我想說的是，只要這個模式沒有改變，一直持續下去，總有一天家族裡很可能出現犯下重罪的人，因此必須有人出面停止「做錯事就該反省」的教育方式。

那麼一定有人會問：「做錯事難道不能叫他反省嗎？」可以，但是有條件。

在反省之前，有一件「重要的事」必須先做，少了這個重要的事就會教出罪犯。這個重要的事在本書會陸續闡明，請各位先記得，當出現問題行為，愈是要求當事人反省，愈可能導致他犯下更大過錯。

做錯事後一再被要求反省，最終導致走上犯罪一途的「代表人物」就是收容在監獄的受刑人。這些受刑人從小不知被身邊的人罵過多少次、反省了多少次，即使如此還是犯錯，終極結果就是犯罪。當發生問題行為，聲淚俱下發誓「對不起，我不會再犯了」的人，結果還是重蹈覆轍，最後甚至犯罪。

我會定期到收容犯下殺人等重罪的受刑人監獄，與受刑人進行個人面談，也會安排更生課程並且授課，我面對的對象大多是殺人犯，其中不少人是慣用毒品導致殺人的罪犯。

經過多年參與協助受刑人更生的工作後，我的心得是，如果要讓他們成功更生，就不能要求他們反省。而當我用「不要求反省」的方式進行面談與授課後，他們反而能開始自我反省。**要求反省只會讓他們變得更壞，而不要求反省才**

能帶來真正的反省，這是我在協助受刑人的過程中從他們身上學到的，在本書中我會清楚說明這件事。

首先我想簡述一下監獄的基本分類。各位如果以為每所監獄都一樣那就大錯特錯了，受刑人會根據犯罪種類（竊盜、使用毒品、性犯罪、殺人等）與情節輕重（輕微或惡性重大、初犯或累犯）分到不同監獄，基本上所有受刑人都以A指標或B指標（記錄受刑人犯罪傾向的記號）進行分類。A是初犯等犯罪傾向尚不嚴重者，B是累犯且犯罪傾向嚴重者。刑期十年以上者，A和B前面會加上L（Long的簡稱），無期徒刑受刑人當然屬於刑期十年以上者，因此通常收容在LA指標或LB指標監獄。我所服務的兩所監獄分別是B指標與LB指標，LB指標監獄所收容的是犯下最為窮兇極惡案件的受刑人。

在監獄裡，我的立場不是監獄官，而是外部協助者，具體而言是在B指標監獄擔任顧問，給予職員指導和建議；在LB指標監獄則擔任教誨志工，直接接觸受刑人。即使立場不同，協助受刑人這點則沒有不同。

在矯正圈裡，B指標受刑人被認為「非常難以矯正」，更何況是LB指標，更被視為「不可能矯正」。但我認為絕非如此，只要能和受刑人建立信任關係，依循步驟引導，他們也會萌發更生的念頭，想重新做人。而我說的步驟就是「不要求反省」。我要再次強調，一旦要求他們反省，只會讓壞人變得更壞。

接著我想說明自己從事協助受刑人更生的緣由。自從開始在大學工作，除了擔任教職也負責學生諮商，大多數學生都很認真也很直率，然而他們經常受心理疾病所困擾。諮商時我仔細傾聽他們想說的話之後發現，問題幾乎都能追溯到小時候，他們在親子關係中必須時常自我壓抑，不被允許表達自己的需求，甚至被要求反省。

學生們各基於不同理由無法表達內心真正感受而自我壓抑，當我鼓勵他們說出真心話時，他們一股腦兒說出口的都是對父母的負面情感，而把自己的想法和感受表達出來後，他們都表示感到很暢快，心情也變得輕鬆，於是開始主動理解自己內心的問題，同時對父母的負面想法也有所轉變，煩惱才因此獲得解決。

問題類型根據個案當然有所不同，但基本流程不變，唯有透過吐露真心話了解自己並正視內心，主訴症狀才會獲得改善（二〇一二年《角色書信療法：寫信的心理治療理論與實踐》金子書房）。

協助他們的過程中我發現，受心理問題困擾的人在小時候都經歷過父母不願意聽自己解釋，只要一開口就被指責「不要太任性」、「不准頂嘴」，而且被要求反省，內心深處累積許多負面情緒。這也是為什麼我認為釋放負面情緒對受心理問題困擾的人而言，是復原的出發點。

當我開始逐漸建立自己的諮商方向時，朋友問我：「要不要試試看協助監獄裡的受刑人呢？」受刑人某種程度上可說是最有問題的一群人，所以當時我心想，他們心中應該也藏著許多負面情緒，如果是的話，那我所實踐的協助方式或許能運用在協助受刑人更生，想到這裡我就立刻答應了。

我開始到監獄幫忙的時候，裡面實行的就是反省教育，具體而言是播放被害人家屬訴說悲痛心情的影片，要求受刑人寫下感想，內容千篇一律是「真的非常抱歉」、「我不會再重蹈覆轍」，但我絲毫感受不到他們有發自內心道歉的意願。

當時，我有機會與一位三十多歲犯下殺人罪的受刑人進行面談，認真聽完他的故事後，我發現他對被他奪去性命的被害人抱持負面想法，他用很激動的口吻說：「要不是因為那傢伙（被害人），我才不會被送來這種地方（監獄）！」於是我給了他一項「功課」，請他以寫信的方式把對被害人的真正想法寫下來，而不是向他道歉。

幾天後，他帶著寫給被害人的信來與我面談。信中一開始描述對被害人的憤恨，來到後半部卻寫道：「把對你的所有不滿統統寫出來後，我才驚覺自己做了多麼可怕的事，不管原因是什麼，事實就是我奪走你的性命，我居然直到今天才理解自己犯下多麼不可原諒的過錯。」最後以「我不知道該怎麼表達我的歉意，我怎麼會做出這種事……真的非常對不起」結束了這封信。

之後他還寫了數封信表達對父母的想法。父親酒後對他施暴，母親對他視而不見，透過吐露這些從未說出口的憤恨，他將心情梳理過一遍，開始有了顯著轉變，臉上表情也從一開始的面露兇光逐漸變得溫和，因為他把卡在內心深處的負面情感一吐而空，心情變得舒暢，同時對被害人的悔意也加深了。這個經驗讓我更加確定該如何協助受刑人，就是絕對不能要求他們反省。

協助過程中，我發現受刑人的心理問題與社會上我們每一個人的心理問題並非毫無相關，更進一步來說，了解受刑人就會知道他們是將心理問題以殺人或吸毒等極端方式表現出來，也讓我們更容易看清楚自己和周遭人存在著哪些心理問題。許多生活中常見的教養方式其實有著讓孩子或年輕人走向犯罪的一面。**現在很多孩子和年輕人活得很辛苦，造成他們這麼痛苦的重要原因，就是一直以來接受的「反省教育」**。正因如此，我認為現在必須從根本檢討我們的教育方式。

各位讀者在做錯事的時候是怎麼反省的呢？是不是會下意識地說「真的很對不起」呢？有沒有用堅決的口吻表示「我絕對不會再犯了」呢？身為家長的你，是不是想從孩子口中聽到反省的話語呢？如果你認為有反省、有道歉就好，或深信做錯事就該反省的人，請務必把這本書看完，你會發現自己認為正確的價值觀可能會把人逼入絕境，使他過得很辛苦；而有些過去被認為是錯誤的想法，其實反倒能讓我們活得更健康。如果是未來打算養兒育女的讀者，我相信本書一定能對你有幫助，在學校從事教育工作的老師們也請務必讀完本書。

我再重複一次——要求做錯事的人反省，只會讓他成為罪犯。

寫得如此果斷，但請容我為自己找個藉口。雖然我說反省會讓人變成罪犯，但也可能以犯罪以外的形式展現出來，就是精神疾病。人為什麼會罹患精神疾病，其原因我會在本書中說明。而提到精神疾病，第一個想到的就是憂鬱症，根據日本警察廳公布的數據，日本自殺人數從一九九八年起每年超過三萬人，其中多數人都罹患憂鬱症（二〇一一年　警察廳生活安全局生活安全企畫課〈平成二十二年發生的自殺案件概要〉）。**自殺如字面所示，意指殺了自己，從這個角度來看，自殺其實也有犯罪的意涵。**

一言以蔽之，犯罪就是將人類心中藏有的攻擊性外顯出來，當攻擊朝向他人就成了我們稱之殺人的犯罪，進而導致被害人產生；當攻擊朝向自己就會以自傷、自殺的方式表現。受憂鬱症所苦的人通常會不斷責怪自己「我好笨」、「像我這樣的人乾脆死了算了」，換言之就是嚴厲反省自己，因此陷入精神疾病的泥沼。這樣的說法或許對正苦於憂鬱症的讀者很失禮，但罹患精神疾病是各位責怪自己的結果，甚至演變為親手奪走自己生命的行為。為了不要走到那一步，我希望各位藉由本書好好思考反省究竟對我們的內心帶來哪些影響。

此外，書中出現的年輕人和受刑人是虛構人物，雖然是虛構，但都是以我在大學和監獄幫助過的人物為原型，再經過大幅修改。我也會從實際在監獄協助受刑人更生所看到的真實情況出發，思考哪些具體做法對社會真正有效並提出我的看法，不讓這一切流為空談。

第1章

那真的是反省嗎？

你以為的反省，
只會讓人變得更壞

Chapter 1

それは本当に反省ですか？

反省させると犯罪者になります

◆發生兩次擦撞意外時我的真心話

一開始想先和各位分享我的個人經驗。在著手書寫本書之前，我在很短的時間內發生兩次汽車擦撞意外。

第一次是深夜工作結束，回家前我到便利商店買完東西，正當我倒車將車子從停車場開出來時，撞上停在後方的車輛，車主當時坐在車上。因為是晚上，加上對方和我的車都是黑色，我完全沒注意到那裡停著一輛車。對方是在靜止狀態被我撞上，所以百分之百是我的錯。幸好從車上下來的人看起來很溫和，也不打算追究我的過失。

就這件事，我想討論的是我當下的行為和心理狀態。因為是我的疏忽，我不停把「真的非常抱歉」、「很不好意思」掛在嘴上，但心裡絲毫不覺得對不起對方。事實上，那天我的精神狀態不是很穩定，因為距離畢業論文繳交期限已經迫在眉睫，好幾個學生交出來的「論文」卻僅止於普通報告的程度，我強忍著怒氣花了好幾個小時指導他們，之後就發生了這件事。簡單來說，我處在滿腔怒火的狀態，事情發生當下，腦中不斷閃過的念頭只有：

- **唉～我怎麼這麼不小心……**
- **都怪那些傢伙（學生），要是他們好好寫論文我也不會遇到這種事。**
- **好險對方看起來人滿好的？**
- **還要聯絡保險公司，我都已經快累死又這麼晚了，真麻煩！**

再說一次，當下我的腦中完全不認為自己做了對不起別人的事。即使如此，當著對方的面，我還是不斷複述「不好意思」、「真的很對不起」，表現出一副誠心誠意致歉的樣子，其實內心想的都是自己。之後我重新思考這件事才想到，對方還得把車子送去修理，是我造成人家的麻煩，而能這麼想，是事後冷靜下來的時候了。

第二次發生擦撞意外是在早上，地點在我任職的大學附近停車場。正當我把車子停進停車格，卻撞到停在旁邊的車子，這次也完全是我的疏失。當時車主不在現場，我留下紙條，上頭寫著我的「道歉」和手機號碼，然後夾在對方車子的雨刷下。到了下午對方來電，我抽空到他的工作地點去找他，這次也很幸運遇到和善的人，他還安慰我「沒那麼嚴重啦」。當下我也是拚命向對方道歉，其實心裡想的是：「這次也遇到好人真是太好了！」「但是又是要聯絡保險公司了，真麻煩……」

事實上，這天會發生意外，我也有我自己的「理由」。我任職的大學基本上每個月要開兩次一整天的會議，每次都從白天開到晚上。發生意外的那天正好是開會的日子，所以我從一大早就很憂鬱，想到今天又有開不完的會，心情就很差。所以意外發生的當下，我心裡不斷想著：「可惡！到底為什麼一個月要有兩次時間這麼長的會議！」「就是因為要開會我才會一時疏忽！」總之，完全將自己造成的意外擺一旁，想的全是如何撇清責任。這次我也是嘴巴上一直道歉，但心裡充滿了不爽，只想幫自己找藉口。

這兩次意外不由分說都是我一個人的疏失，然而我的言行舉止和內心想的完全不一致，表面上我不斷向對方道歉，但是我的內心，至少在發生意外的當下，絲毫不覺得自己做了什麼讓對方困擾的事。難道是我比較奇怪嗎？

◆先「後悔」，後「反省」

我在大學教授犯罪心理學時，會讓學生想像加害人心理。大部分人對於被害人心理多少可以想像，但是通常不了解加害人心理，所以我會在課堂上舉很多具體案例，例如以下的例子：

你是二十歲的大學二年級學生，現在就讀的大學並非自己的第一志願，對上課內容也不感興趣，久而久之開始蹺課。你不擅長主動和別人打交道，在學校也交不到朋友。因爲上了大學就開始在外租屋生活，沒去上課也不會有人對你碎唸。

整天自己一個人關在房間裡很痛苦，於是你到居酒屋打工，和打工同事變熟，假日也會一起出去玩。某天，你們一起在居酒屋喝酒，黃湯下肚後，對方拿出裝著大麻的袋子對你說：「這個給你，用了心情會變好。」之前你已經拒絕過好幾次，再拒絕下去可能會被對方討厭，於是你把大麻帶回家。雖然知道違法，但也禁不起好奇心的驅使，有一天剛好閒著沒事做，你在租屋處吸了一次，吸了之後不但心情沒有變好，還覺得很不舒服，此後再也沒吸過大麻。但因爲不知道該如何處理那個袋子，只好先收在抽屜。後來你和那個朋友相處起來愈來愈尷尬，開始避著他，最後辭掉打工。

過了一陣子，你找到新的打工，也幾乎要忘了前一份打工認識的朋友。某天，一輛警車停在你的租屋處，站在你面前的刑警說「麻煩跟我到警察局一趟」，把你帶上警車，旁邊坐著的刑警看起來跟你父親差不多年紀，此時你會是什麼樣的心情呢？

讓學生讀過以上案例後，我反問他們若換作自己是當事人會有什麼想法。他們給了我各種回答：

- 爲什麼一開始不拒絕收下大麻？
- 早知道就不要跟那個打工的朋友來往。
- 早知道就趕快把抽屜裡的大麻處理掉。

●我之後要怎麼辦？
●我覺得很害怕⋯⋯
●如果時間可以倒轉就好了。
●爸媽要是知道了一定會把我罵死。
●我會不會被關進監獄啊？
●早知道就不要去居酒屋打工，不去就不會遇到這種事了！
●從一開始就不應該讀這間大學的！

學生們先是紛紛表達內心的後悔，接著對未來感到恐懼和不安，然而從來沒有一位學生提到自己做了違法行為，也就是沒有人在這個時間點出現「犯罪意識」。

照理來說，不果斷拒絕還吸了大麻當然是自己不對在先，必須反省，然而當下腦海中浮現的想法和感受其實是後悔。保險起見先向各位說明，「後悔」和

「反省」完全是兩回事。一個人做壞事被發現時，當下的心態和真正的反省還差得遠呢！

◆動不動就開口反省的，都是惡性重大的加害人

社會上發生重大犯罪事件時，電視新聞經常如此報導：「嫌犯到現在還沒表示反省」、「犯下了如此殘忍事件，卻絲毫不見他有反省的樣子」，相信不少人看到這樣的新聞都會忿忿不平，認為嫌犯是「不知反省的惡劣傢伙」、「不可原諒」等等。

然而就像我前面說的，當自己的問題行為敗露時，第一個想到的不會是反

省；相反的，如果第一時間就反省，從人類的心理來看是不自然的。如果嫌犯說了反省的話，必須對他的反省存疑，多數情況都出自於想減輕刑責，充其量只是做做樣子，口中的反省說詞不過是表面工夫。從這個角度來看，比起不表示反省的犯人，不斷把反省說詞掛在嘴邊的犯人（嫌犯）更加惡性重大。當然也可能是被逮捕的衝擊過大，意志消沉，只能下意識地道歉，但那些話也不是真正的反省，硬要說應該是後悔。總之，這種反省跟我發生擦撞意外時的舉止和心理沒有太大差異。

為什麼媒體要那樣報導呢？最大原因是我們都被灌輸了「犯錯就該反省」的價值觀，報導方才將犯了錯卻不見反省的人刻意描述成不可原諒的傢伙。這個說法或許不當，但如此一來才會成為一篇有趣的報導，因為有趣，讀者才會覺得匪夷所思，開始對事件感興趣，報導也會愈炒愈熱，最後犯人的生平、過去經歷，甚至犯人身邊的人的發言都會被刊登出來。

如果媒體所報導的犯人生平是「在充滿愛的環境下成長」、「生長在富裕家庭」這類看似與犯罪沾不上邊的內容，如果犯人身邊的人對他的評語是「很溫和的人」、「很認真的人」、「那麼有禮貌的人怎麼可能做出這種事」，當犯人的形象與所犯下的殘忍行為反差愈大，我們就會愈想知道原因，更加關心事件發展，如此一來新聞收視率便會提高，報紙雜誌也會賣得更好。

◆加勢大周有「反省」嗎？

二〇〇八年，演員加勢大周因為持有毒品被警方逮捕，媒體如此報導：「嫌犯加勢大周被移送東京地檢署，面對警方調查，他看似反省並且表示自己『太軟弱』，也擔心影響到自己擔任固定來賓的電視節目。」（二〇〇八年十月六日　NTV

NEWS24）

看到這樣的內容，大眾或許會認為「看來他有在反省了」，然而各位讀到這裡應該都知道，那些話並不是反省。對於他參與的電視節目工作人員，確實可以想像他感到造成人家的困擾，但我不認為這個時間點他已經意識到自己的行為是犯罪。造成他人困擾而感到抱歉，與認知到使用毒品是違法行為，不能相提並論。要打從心裡認為自己「真的」做錯事並不是那麼簡單。

加勢大周認為自己會碰毒品的原因是「太軟弱」。在監獄裡我也曾在課堂上詢問用過毒品的受刑人「認為自己是因為太軟弱才吸毒的請舉手」，在場十位受刑人中將近一半的人舉手。

然而請各位仔細想想，「太軟弱」其實是很含糊的說法。我認為出於軟弱才吸毒不能當作是思考問題的出發點，因為人類都是軟弱的，但即使軟弱，絕大多數人都沒有吸毒，因此必須讓當事人思考將犯罪原因歸咎於自己「太軟弱」所代表的意義。

而當能思考這句話背後的意義，也意味著能面對自己的「內心」。想要和毒品徹底斷絕關係，必須從面對自己的內心做起。

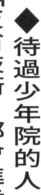

◆待過少年院的人「反省技術」都會進步

未成年犯罪會收容於少年鑑別所，成人犯罪則羈押在看守所。少年接受裁定後，會由法院決定要將他移送少年院[1]或重返家庭；成人則會被判決有罪或無罪，有罪的話由法院決定量刑輕重。此外，犯下殺人等重大事件者，會透過由一般市民參與的裁判員制度進行判決。

羈押在鑑別所或看守所的少年和成人，面對即將到來的裁定或判決會是什麼樣的心理狀態呢?我不敢說所有人都一樣,但我想大多數人都想著「好煩,真想趕快離開這裡」、「拜託法官判我輕一點」,我幾乎要聽到各位破口大罵,但事實就是如此。

一份在札幌少年鑑別所進行的研究十分發人深省。研究主旨是要求鑑別所的少年製作一張「我造成誰的困擾清單」,然後寫信給清單上的人。從要求製作這份清單可以看出,研究者打從一開始就認定收容在鑑別所的少年有在反省,從後續研究結果也能看出他們認為少年當然有在反省自己對被害人造成的傷害(二〇一〇年　矢崎道人、小野楊子、尾崎知世〈有目的的行為觀察:從角色書信療法看少年對被害人的認知〉《矯正教育研究第五十五卷》日本矯正教育學會)。

順道一提,要求少年寫信給困擾清單上的人是運用所謂的「角色書信療法」(Role Lettering, RL),角色書信療法是一種心理學療法,指的是以虛構的形式寫信,有時是「我寫給對方」,有時是「對方寫給我」,藉此理解自己與他人,此方法會在第三章詳細說明。

該研究結果顯示，極少人將被害人列為困擾清單的前幾名。對此，研究者如此寫到：

出乎意料的是，將近八成少年都將父母或朋友排在被害人前面。
（底線爲筆者標記）

進行這項研究的矢崎等人認為「出乎意料」，但其實不然，這是當然的結果。在法院還未裁定的階段，他們感到「我好丟臉」、「下次要拿什麼臉見人」、「我又傷父母的心了」都是真實心聲，要能夠思考到被害人是在更久之後的事。雖然這樣講很失禮，但我不禁懷疑進行這項研究的諸位研究者究竟是有何等見識。

畢竟忠言逆耳，我想再指出這項研究的另一個問題。研究者在後續內容中提到「比較在少年院接受矯正教育的少年與未接受矯正教育的少年兩者的書信內容後，前者不論文章水準或對被害人的關心程度都比後者來得高」，並且指出有過少年院經歷的人「很快就能覺察自己造成被害人的困擾」。我不得不說這誤會可大了！

很諷刺的是，在少年院受過矯正教育的人由於不斷被要求寫悔過書，自然很習慣寫這類文章，有些少年甚至很懂得如何寫才能博得人家歡心。我推測指導少年的人並沒有覺察他們的真實心理。無論誰都希望他們學會反省，我能理解，但事實就不是如此。

各位試著想像一下，假設是我們自己因為犯罪而被拘留在鑑別所或看守所，當下會是什麼心情呢？就算承認自己犯錯，但別說思考被害人，光是處理自己的事情就分身乏術了，腦袋裡無時無刻不在思考的都是如何減輕刑罰吧？例如在法庭上該如何陳述與表現才能給裁判員好印象？如何盡全力配合律師，一起思考法庭上的對策？最後究竟會被裁定安置還是重回家庭？如果犯下重大案件，到底會被判處死刑還是無期徒刑？難道不是這樣嗎？雖然知道自己做了壞事，但畢竟攸關自己的人生，自然會優先考量「自己」，而不是「別人」，這是人類很自然的心理。

請回想自己小時候，當犯了會被大人責罵的過錯時，各位是不是也會絞盡腦汁思考怎樣才不會挨罵呢？當然我們不能拿小事和犯罪相提並論，但遇到事情的時候，人的心理反應是相通的。可以的話當然不要受罰，而真的必須受罰，也希望盡可能輕一點，這是人之常情。

◆被告在法庭上會說謊

人類會有這樣的心理是顯而易見的事實，然而現今被告在法庭上是否表現出反省之意居然被視為影響量刑的因素，令我無法理解，畢竟絕大多數被告在法庭上都會說謊。

因犯下兩起殺人事件，目前正在LB指標監獄服刑的美達大和[2]在其著作中表示：

尤其是殺人事件，由於被害人已經死亡，所以被告在法廷上會做出有利於己的陳述，舉凡犯案動機、犯罪行爲樣態、案發後行爲等等，不論多麼微小的細節都會再三斟酌，試圖朝對自己有利的方向表達，甚至能做到說謊也不打草稿的地步。

（二〇一〇年《死刑絕對肯定論：無期徒刑受刑人的主張》新潮社）

正如美達所言，我也聽過許多受刑人坦承在法庭上說了對自己有利的言論。明明已經做錯事，竟然還在法庭上說謊當然不可原諒，我完全理解，但我想說的是，當人處在法庭那樣的環境，想得到原諒、減輕刑責是人之常情，如果被指責不知悔改，那就當眾道歉了事。然而所有被告的真實心聲都是，雖然犯了錯，但也不想接受太重的懲罰，**甚至愈是惡性重大的人，反省態度愈是高超也不一定。**這對被害人來說恐怕難以承受，但是在法庭上要求被告反省就會造成這種結果。

為了讓司法少年和受刑人意識到自己犯下的罪，少年院與監獄所實行的矯正教育有過度要求反省的傾向，結果就如前述的研究內容，他們變得很懂得如何反省。很諷刺的是，進出少年院和監獄次數愈多的人，愈能學到「反省的技術」。他們清楚知道怎樣的反省才會讓周圍的人滿意，特別是那些在法庭上聲淚俱下，不斷表示「我會好好反省」的被告，一般人要能看穿他是真心還是假意，是極為困難的。

不，我們沒有必要看穿，因為那些反省話語不過是為了對自己有利而說出的藉口罷了。

◆看似反省其實不然的案例

當然也有例外，有時被告會在法庭上說出對自己不利的證詞。以我接觸的一位受刑人為例，他是五十多歲男性，十年前犯下殺害女友的案件，理由是女方同時和其他男性交往，其私生活相當複雜，讓他難以忍受，因而在衝動與盛怒之下殺了她。然而在法庭上，他完全不肯談論女方的行為（也就是對被害人不利的陳述），而是請法官單就他所犯下的案件做出判決，表現出看似反省的態度，但事實並非如此。

與他面談的過程中發現，他從小接受母親的嚴格管教，被灌輸「像個男子漢」的價值觀。他之所以不願意談論女方的過錯，其實是出於自己根深柢固的觀念——那樣做「不像個男人」。換句話說，「像個男子漢」的價值觀讓他不允許為自己辯解。透過這個例子可知，即使被告在法庭上沒有表達出反省言詞，也不代表他有在反省。

要辨別被告是否真的反省，方法只有一種，就是量刑結果公布後，他會選擇上訴，還是接受量刑放棄上訴。接受量刑結果表示他能面對自己所犯下的罪，但很可惜這個方法只能用在法院判決結果出來之後。這裡我無法舉個別案例以免造成誤解，也不會描述細節，但曾有被告在法庭雙膝下跪請求法官原諒，卻無法接受判決結果是無期徒刑而上訴。

想到被告的心理，我對法庭上會考量被告是否有反省之意這點深感懷疑。請大家不要誤會，我的意思不是被告完全不用反省，我想表達的是在法庭上，也就是還沒接受矯正教育的階段，幾乎沒有被告能做到反省。將看不見也摸不著的「人心」作為判決或量刑的條件，是很牽強的。

倘若犯罪事實堅不可摧，那就基於客觀事實，直截了當進行判決與量刑，畢竟不論被告在法庭上如何陳述反省之意，當下的他都還沒真正面對自己所犯下的罪，勢必得經過一段長時間且細膩的陪伴，才可能萌生面對罪行的念頭。

◆受刑人心中對被害人的負面感受

如前所述，我在監獄為犯下重大案件的受刑人上課與進行個人面談，從中我得知一件令人驚訝的事：無論犯下如何殘忍的罪行，甚至奪走被害人的性命，受刑人心中都對被害人充滿負面想法。但因為在監獄裡不能批評被害人，只好將真實想法埋藏在心裡，而且這樣的受刑人其實遠比我們想的還要多。

殺人有很多種型態，有些是衝動殺人，有些是經過縝密計畫後執行。衝動殺人者有時會把責任推給被害人：「要不是因為那傢伙，我才不會被送來這種地方（監獄）！」「明明是他自己來找我麻煩，又不是我的錯！」如果是侵入民宅行竊，不少受刑人甚至會說出「我只是來偷錢，誰叫他要突然回來，都是他的錯」等狗屁倒灶的理由。計畫殺人者也是如此，犯案理由盡是自私的歪理，但對他們來說卻是嚴重到非殺人不可的重大理由，也就是他們內心的負面想法已經膨脹到只有殺人一途。不惜毀掉自己人生也必須把那個人（或那些人）殺掉，可見是抱著相當程度的覺悟才痛下殺手。

一位受刑人曾斬釘截鐵表示「我一點都不後悔殺掉他」，理由是：「那傢伙把我心愛的老婆逼上絕路自殺，我只是在幫太太報仇而已。」另一位受刑人的理由則是：「我殺的是黑道，他把我下屬害得超慘。那種可恨的傢伙既然加入黑道，應該早有覺悟總有一天自己會被殺吧！」

這些受刑人對被害人充滿了憤恨的情緒，要他們思考被害人的痛苦、要求他們反省，幾乎沒有效果。那麼究竟該怎麼做呢？方法只有一個，就是「不要要求反省」。若他們對被害人心有不滿，就先讓他們一吐為快。在發洩過程中，他們會逐漸了解為何非殺了對方不可，而心裡又有著什麼樣的問題。各位或許會認為這個方法非常不合理，然而事實就是若不先講出真心話，就無法面對自己的內心。

再者，受刑人不滿的對象未必都是被害人，不少人對訴訟感到不滿，也就是不服量刑結果，除了可能不滿量刑的法官與裁判員，也可能不滿為自己辯護的律師。無法接受量刑結果的他們在服刑期間一直耿耿於懷，施以矯正教育不會有任何效果，因為他們的「時間」從判決結果公布的那一刻就暫停了，未曾消退的不滿情緒不但阻礙他們更生，甚至隨著獄中的單調生活不斷膨脹。

人的內心只要累積了不滿、憤怒的情緒而沒有消化，那份負面情緒會一直卡在心裡，而且其實和我們日常生活的人際關係息息相關。舉例來說，有些人因為小時候父親或母親說了某句傷人的話而感到受傷，直到長大成人還是忘不了那句話，在父母面前總覺得心裡有疙瘩；把對方當作好朋友，某天那個朋友卻對自己說出過分的話，有些人可能因此不願意再向任何人敞開心房。累積在心裡的負面情緒若沒有宣洩出來，只會一直留在心底，不僅讓內心受苦，人生也可能因此活得很辛苦。**即使已經長大成人，心裡那道傷口仍然停留在受傷的瞬間。**

我似乎又聽到有人對此忿忿不平：「他們可是罪犯耶！還敢恨死者，太不像話！」然而事情不是這麼簡單。受刑人心中對被害人抱持不滿或憤恨的狀態下施以矯正教育，是沒有任何效果的。如果他們有所不滿，就必須從去除那些不滿做起，而要去除那些不滿，必須徹底了解造成那些想法的根源，跳過這一步就沒辦法真正踏上更生之路。

在說明具體做法前，我想請讀者再陪我探討更多反省所帶來的問題，也就是讓做錯事的人寫悔過書的意義。

● 1 **少年院**　日本收容受法院裁定交付保護處分的少年並施以感化教育的機關，相當於臺灣的矯正學校（過去稱少年輔育院）。

● 2 **美達大和**　在獄中出版多本著作，主張廢除無期徒刑並贊成死刑。

第2章

「悔過書」是造成壓抑的危險方法

你以為的反省，只會讓人變得更壞

Chapter 2

「反省文」は抑圧を生む危ない方法

反省させると犯罪者になります

◆從「模範悔過書」能讀到什麼

進大學任教前，我的工作是在教師研習中心[3]擔任心理師，更之前則是在私立女子中學擔任國高中老師多年，除了教課也要分擔學校業務，因此接觸了許多校內事務，其中一項是學生事務處的工作，以下簡稱學務處。

學務處負責學校各項活動、學生會事務等與學生直接有關的業務，其中最重要的工作是當學生發生問題行為，必須進行「生活教育指導」。所謂問題行為是指喝酒、吸菸、偷竊這類反社會行為。

當學生出現問題行為，我們這些學務處老師會與當事人面談並釐清事實，再請家長到學校。流程大致是這樣：家長通常都是慌慌張張衝進學校，劈頭就說

「老師對不起」，接著以嚴肅僵硬的表情，不發一語聽完老師說明，再三對小孩的問題行為致歉，最後由學務主任告知家長予以停學處分，也就是給學生幾天的時間待在家裡禁足反省，親子之間好好針對這次事件溝通，而在這段期間孩子必須寫「悔過書」。學務處老師看過悔過書內容，「確認」學生已經好好反省後，主任便會解除停學處分。

我曾經多次負責看那些悔過書，現在回想起來每篇內容幾乎大同小異。讓我試著寫一篇虛構的「模範悔過書」，主角是做出偷竊行為的高二女學生：

我這次因爲做出偷竊這種丟臉行爲受到處分，我知道道歉無法解決問題，禁足在家的這段期間，我重新檢視了自己，徹底理解到自己有多麼愚笨又無知，對於認眞養育我的父母、溫柔守護我的老師，我辜負了他們的信任，必須深切反省自己的行爲。這次停學在家對我來說也是獲得了思考自己人生的寶貴時間，感謝學校。

我的行為造成許多人的困擾，對蒙受損失的店家、父母、出於擔心而責罵我的師長們，我由衷感到抱歉，尤其感謝各位老師，謝謝老師們帶著愛責罵沒用的我。我發誓從今以後會改過自新，嚴以律己，認眞當個好學生。造成大家的困擾，眞的非常抱歉。

各位看了有什麼感想呢？讓我舉幾個可能的回答：

①寫得很好，很認眞。
②只是想要早點解除停學處分罷了，虛情假意。
③這孩子沒問題嗎？她會不會又做出一樣的事？

事實上，對受刑人講課時我也舉了類似的悔過書當例子，讓他們思考什麼是反省。他們讀完後彼此自由討論，而①到③都是他們實際說過的感想。

②是最多受刑人選的答案，我們應該思考為什麼最多受刑人如此認為。理由很簡單，因為他們自己做壞事的時候也是這麼反省，可以說幾乎所有受刑人都已經習慣成自然，總之犯了錯，不管三七二十一先道歉再說，也完全不覺得這樣很奇怪，因為他們打從心底認為做錯事就該道歉。不單單是受刑人，過著一般生活的我們應該也是如此認為吧？

至於一路讀到這裡，能夠認同本書內容的讀者應該會選③，而認為做錯事就該反省的人應該會選①，實際上我讓普羅大眾讀了前述悔過書並詢問感想後，最多人選的是①。

在此我要向各位讀者坦承自己擔任學校老師時的「不成熟」。事實上，當時我也覺得①是最好的答案，認為上述的模範悔過書才是「像樣的悔過書」，而且不只我有這種想法，所有學務處老師也如此認為。直到現在我仍然記得很清楚，每當學務主任看完悔過書後，一定會對學生這麼說：「今後每個老師的眼睛都會盯著你，你要更加注意自己在學校的言行舉止。」我們就是這樣「鼓勵」學生的，然而這些鼓勵爾後會對學生造成多大的心理負擔，當時的我卻毫無所知。

我用不成熟形容二十多年前的自己，然而現實是直到現在，學務處的生活教育指導方式恐怕數十年如一日，未曾改變。全日本所有學校的生活教育或多或少都貫徹著這樣的方式——能寫出「像樣的悔過書」就過關。

◆反省造成的壓抑遲早會爆發

讓我們重新思考寫出「像樣悔過書」的問題在哪。我想用具體案例說明，以下【案例❶】是一則典型例子，因為前面已經有舉例了，這個案例就以先前的悔過書接續發展：

❶ 案例　伊藤和子（化名）

二十出頭

罪名：竊盜及違反《覺醒劑取締法》

和子在高中曾出現偷竊行爲，她明明不是特別想要那個東西，但不知爲何就是出手偷了。

和子是獨生女。母親因爲擔心她沒有認眞念書，經常站在房門外窺視她，一旦發現她沒有乖乖坐在書桌前就會勃然大怒，大聲斥責「怎麼都沒在念書」。父親則是從來不會好好聽和子說話，要求她「乖乖念書就好」，若不聽從就對她暴力相向。

某天，和子在文具店偷了價值三千日圓的商品。母親一接到班導聯絡立刻衝到學校，班導說：「和子平常是很認真的學生，我也很驚訝她怎麼會做出這種事，是不是最近比較鬆懈呢？」母親連忙低頭道歉：「是我太寵她了，一切都是我的責任，造成老師的困擾真的非常抱歉，我以後會嚴加管教。」和子的處分是停學在家十天，班導要求她這段期間必須在家好好讀書、每天寫日記，並且禁止外出，也不能和朋友聯絡。

班導要求和子每天自我檢討並且以「日記」的形式記錄下來，雖然稱之日記，其實就是悔過書，而每天寫日記（＝悔過書）自然而然就能寫出「像樣的悔過書」。她在最後一天的日記裡寫到「造成店家、父母、師長們的困擾，我真的感到非常抱歉」，結尾則以「我以後在學校會更加小心謹慎，絕不再犯同樣錯誤」作結。

所有學務處老師讀了這篇日記都給出相同意見：「寫得很好！可以解除處分，讓她來上學了。」回到學校的第一天早上，學務主任對她說：「妳以後要更加謹言愼行，我們所有老師都會盯著妳，看妳有沒有做到，要好好表現，知道嗎？」和子大聲回應：「我會好好加油，不會辜負老師們的期待。」爾後，她在學校表現良好，簡直像個模範生，也發憤圖強考上知名大學。

和子開始出現問題行爲是在上大學後的暑假。她結交壞朋友，跟著他們抽菸。她開始忤逆父母，不再乖乖聽話。她討厭待在家裡，經常無故外宿。

後來她和男友同居，並且包養男友。光靠打工賺的錢無法滿足男友後，她開始偷竊，沒多久便從偶爾偷一次變成慣犯，除了將偷來的高價珠寶便宜轉賣給朋友外也開始賣春。某次同居男友拿毒品給她，對她說「吸了這個心情會變好」，她一開始很猶豫，但是害怕拒絕會被男友討厭，同時在好奇心驅使下，心想反正吸一次也不會怎樣，於是踏上吸毒的不歸路。

她開始變得離不開毒品，爲了買毒更陷入偷竊、賣春的惡性循環，無法脫身。就在某天，男友突然對她說：「我有別的女朋友了，妳可以搬出去嗎？」突如其來的分手讓她自暴自棄，從住家大樓往窗外縱身一跳，所幸後來保住性命，但也因為竊盜及違反《覺醒劑取締法》而受到法律制裁。

◆不當行為就是徵兆

我們來梳理一下和子走上犯罪的原因，很明顯從小的親子相處便是一項重要因素，不過有個關鍵是高中時期的偷竊事件。

各位可能會覺得這個說法有點奇怪，我們看到孩子出現問題行為時應該感到高興，因為問題行為是孩子的自我展現，而和子的偷竊行為可以看作是她內心的痛苦外顯的結果。我想她從小累積了許多痛苦，她的內心終究承受不住那些痛苦，便以偷竊這種問題行為表現出來。問題行為若是以割腕或飲食障礙等隱性方式展現，會難以接收到孩子發出的求救訊號；而若是以偷竊、抽菸這種外顯行為浮上檯面，看得見至少容易處理。

和子在高中時期犯下的偷竊行為，其實是一個「機會」。她之所以痛苦，很明顯來自母親的過度干涉、父親不願傾聽的權威態度，她從出生到念高中都成長在極其壓抑的家庭環境，可以想像她一路走來都必須壓抑真實的自己，內心充滿了不被接受的悲傷與痛苦。她自己恐怕也認為忍耐是天經地義，畢竟其他家庭是什麼狀況，當時的她也無從得知。

我再強調一次，**孩子的問題行爲就是大人的機會**，父母應該將之視為孩子給予我們機會，思考他為什麼出現問題行為，而且換個角度想，也可以解釋為孩子內心痛苦的「釋放」。也就是說，和子是把自己的痛苦用偷竊這種迂迴的方式釋放出來。

然而和子高中時期的問題行為沒能成為機會，而是以「像樣的悔過書」了結。她不但必須展現不會重蹈覆轍的堅定決心，周圍老師還對她施加「我們都會盯著妳」的壓力，身邊大人的關心進一步壓抑她的心靈，她也在不知不覺中更加壓抑內心的真實感受。她持續扮演認真的自己，發憤圖強考取知名大學。與其說這是她想做的事，不如說是希望自己的努力獲得父母的肯定。

當她開啟大學生活，跟著朋友吸菸後，問題行為就在短時間內一發不可收拾，接連出現。抽菸這個行為，彷彿「點燃」了一直壓抑在內心的悲傷與痛苦。過去的壓抑就像是將「能量」儲存在心底，等待著「爆發」，而壓抑程度愈大，抑或是壓抑時間愈長，就等於儲存了愈多爆發的能量，問題行為也會用更極端的方式展現。她除了偷竊高價商品和賣春，還以半吊子的態度接觸毒品，可見已經完全失去了好好珍惜自己的心。

人的行為就像一面鏡子。只要曾經被好好對待，就能好好對待他人；反之，遭人冷漠以對，面對他人也會變得冷漠。同理，傷害別人的人，過去也可能曾被人所傷，失去了珍惜自己的能力，而一個沒有能力珍惜自己的人，當然沒辦法珍惜他人。**不懂得珍惜自己的人對「自己內心的傷痛」很遲鈍，也沒有能力覺**

察**「他人內心的傷痛」**。和子之所以放縱自己反覆犯罪、吸毒，正是因為長久以來她的心已經傷痕累累。

此外，和子拿了很多錢包養與她交往的男性，我推測是因為她認為這位男性是有生以來第一個接納真實自己的人。然而他們之間並不存在成熟、對等的男女關係。對那位男性而言，和子不過是呼之則來，揮之即去的女人；但是對和子而言，她一輩子只有眼前這個人願意接納自己（其實是一廂情願），世界上沒有比被他拋棄更可怕的事情了。

和子對這位男性的感情與其說是成人之間的愛情，更像是幼兒害怕被父母拋下不管而緊抓不放的「依附關係」。正因為害怕被拋棄，才會提供大量金錢來維繫住這份關係，也無法拒絕對方引誘自己吸毒，因為深怕一旦被討厭就得孤單一個人。

然而這般粉身碎骨也在所不惜的愛情看在這個自私男人眼中，遲早覺得「煩死了」。從（自以為）願意接納自己的對象口中聽到分手時，和子感覺失去了一切，才會絕望到想斷送生命。如此令人心痛的故事雖然是我虛構的，但現實中的確有類似事件發生。

和子因竊盜及違反《覺醒劑取締法》遭到逮捕。她犯法是不爭的事實，但事到如今我們依然要求她「好好反省」，寫下「像樣的悔過書」就了事嗎？

◆「代間傳遞」的家庭問題

像和子這樣的家庭環境雖然有點極端，但絕不少見。各位讀者看到這裡或許會想反問：那為什麼絕大多數的人都沒有像和子一樣犯罪呢？豈不是和這本書的原書名《教孩子反省就是教成罪犯》互相矛盾嗎？

請各位再和我一起繼續探討和子的案例。假設她進了知名大學後順利畢業，和普通人一樣結了婚，那麼不久之後應該會生小孩，究竟她會如何教育自己的孩子呢？

請回想一下我在上一節提到「人的行為就像一面鏡子」這句話。和子應該會照著父母對待自己的方式對待孩子吧？畢竟她也不知道其實還有其他方式。她會擔心孩子沒有乖乖念書而不斷在房門口偷看，發現小孩沒有坐在書桌前可能會對他動手，畢竟父親也是這麼教育自己。當孩子向她訴苦，抱怨「不想去學校」，她會嚴厲斥責：「不要那麼任性！大家都去上學不是嗎？好好振作，認真一點！」孩子一旦在這樣的環境下成長，學會了壓抑負面情緒，可能遲早會出現問題行為。

要是孩子出現問題行為，和子應該也會把父母對待自己的那套用在孩子身上。她會「反省」自己是不是太縱容小孩，然後更加嚴格管教。而孩子可能和她一樣發憤圖強，進入知名大學就讀，此後人生或許會走向犯罪，也或許過著看似普通的人生。

我想說的是，即使和子自己沒有犯罪，她的小孩還是可能走上那條路；又或許小孩長大後沒有犯罪，然而成為父母後還是重複同樣方式教養小孩，這就是「代間傳遞」（Intergenerational Transmission），輪到某一代就可能以犯罪的形式，用力給父母一記當頭棒喝。**我們不知道悲劇會在哪一代發生，但只要「做錯事就該反省」的教養模式不斷傳遞下去，終究會出現某個人必須把累積已久的痛苦哭喊出來的那一天。**

我還必須指出另一個重點：倘若沒有走上犯罪，和子的人生又是如何呢？她應該會一輩子過著嚴以律己的人生。

所謂人生，就是痛苦總是多過快樂，這是一定的，正因為有這麼多痛苦，才能襯托出開心的時光有多麼令人感到喜悅。而面對痛苦，不論是誰都需要向人傾訴、尋求協助，如此才能跨越困難繼續往前進。

然而抱持著與和子一樣價值觀的人遇到痛苦卻不會訴苦，因為他們認為一旦找人訴苦，就等於承認自己是個軟弱無能的人，而承認自己的軟弱無能，就等於否定自己的生存意義。所以遇到痛苦，和子選擇笑著面對，也就是選擇採取和內心感受相反的行為，於是她的心愈來愈疲憊。

和子一直以來應該覺得人生過得很辛苦吧？選擇這樣的生存方式或許會讓她罹患精神疾病，一如我在〈前言〉說的，即使不是犯罪，也可能飽受心理疾病所苦。

說到底，要讓和子改變生存方式的機會，就出現在她發生偷竊行為的時候。當孩子出現問題行為，身邊的大人卻沒有將之視為改變的機會，孩子往後的發展可能就如我所說明的那樣。

做父母的人通常打從心裡認為自己的教育方式是正確的，所以必須由他人提供不同觀點才可能帶來改變。而孩子的問題行為就是求救訊號，我們必須接收到他的痛苦，給予適當的陪伴，而不是一味要求他反省，如此才可能斬斷代間傳遞。

再補充一點，我推測和子的父母過去也從自己父母那裡接受了同樣的教育方式。任何人（和子的父母）都必須被他人（和子父母的父母）好好對待，才可能好好對待他人（和子）。從這個角度想，和子的父母應該也過著相當辛苦的人生，也可能走上犯罪一途或受心理疾病所苦。

◆「表面工夫的悔過書」會讓人變得更壞

再舉另一個案例，這個例子不同於前述的「像樣悔過書」，而是受刑人所寫的「表面工夫悔過書」。

❷ 案例 後藤公男（化名） 三十五至三十九歲

罪名 ○

殺人及

違反《銃炮刀劍類所持等取締法》

公男的父母在他小學時離婚，此後他與母親相依爲命。上了國中，他的名字被同學笑是「奇妙男」[4]，遭到霸凌。霸凌行爲從一個人變成一群人，從被嘲笑變成被迫從家裡拿錢。公男只好偷母親的錢，金額也愈拿愈多。直到那群人中有人開始找他抽菸，向他示好，霸凌才結束。

此時，公男偷拿家裡的錢被母親發現，他鼓起勇氣說出自己在學校遭受霸凌，請求母親原諒。母親卻對他說：「被同學霸凌要自己解決。你現在立刻給我寫悔過書，發誓絕對不會再偸拿家裡的錢。」母親的反應讓他感受到「看來發生事情告訴母親也沒有用」，勉爲其難寫下悔過書。此後他開始和一群不良少年鬼混，經常無故在外過夜，從偸拿家裡的錢轉爲偸竊商店裡的東西。

進了高中後因爲課業跟不上而輟學。之後他陸續做過餐廳、建築工地的工作，但由於和人處得不好，什麼工作都做不久，後來乾脆不工作，流連於柏青哥店。就在此時，一位混黑道的老朋友向他招手，他於是加入黑道。

黑道老大很照顧公男，大嫂也對他很好，久而久之，他在心中種下了要對組織有貢獻的想法。某天他接到老大的委託，要他去殺掉一個對組織很礙眼的男人。老大的一句「我很信任你，萬事拜託了」，他不但沒有拒絕，反而感到很開心，二話不說接下委託，用菜刀把那個男人殺了。

公男第一個出現的問題行為是偷拿家裡的錢，原因是遭到同學霸凌，為了保護自己才選擇偷錢。偷錢的行為被母親發現後，他向母親自白在學校遭受霸凌，然而母親聽了只叫他自己想辦法解決，並且要求他寫悔過書，保證不再偷拿家裡的錢，這對孩子來說是何等的痛苦！孩子光是向父母坦承自己遭受霸凌就需要極大的勇氣，因為他們會認為被霸凌很丟臉，也會害怕告訴父母後反而被霸凌得更慘。

公男照著母親要求寫下悔過書是出於表面服從，想得到母親原諒罷了。然而強迫寫悔過書其實會對孩子造成許多心理問題，一是認為做錯事只要道歉就沒事了，二是對於不能接住自己痛苦的父母產生憎恨的情感，最嚴重的就是不再對父母敞開心房。從母親的態度可以推測她一直都以命令式的管教對待小孩，遇到事情也不聽小孩解釋，才會讓公男覺得「看來發生事情告訴母親也沒有用」。

這篇悔過書成了母子關係惡化的關鍵因素。不僅如此，要求公男寫悔過書不但沒有成為遏止的力量，反而讓他的行為更加偏差。這篇悔過書就像扣下他心中的扳機，偷竊行為也一發不可收拾。

當孩子向父母和盤托出自己被霸凌的痛苦，父母卻以寫悔過書的方式處罰他，就像是明知孩子的苦，卻選擇背叛他一般，公男因此產生想要背叛母親的心情也不能怪他。他後續脫軌的偷竊行為可以看作是壓抑在內心對母親的憎恨轉為具體的外顯行為。

公男後來高中輟學，工作一個換一個，每個工作都做不久的原因是無法建立良好的人際關係，因為他在與母親的關係之間失去了「敞開心房的能力」。青春期的孩子如果在這個階段的親子關係喪失敞開心房的能力，長大後也無法對他人敞開心房。敞開心房就是向別人展現真實的自己，人際關係是相對的，一個無法對任何人傾吐心事的人是沒有辦法建立健全人際關係的。

公男從來不知道什麼是「家庭的溫暖」，內心深處總是感到孤單寂寞，於是在朋友邀約下加入黑道。在那裡，有關愛他的老大，對他來說，照顧自己的老大就像是「父親」，而溫柔的大嫂就像是「母親」，或許在那裡他第一次感受到家庭的溫暖。

當老大要他去殺人並對他說「萬事拜託」，他感受到父親對自己的愛，對如此愛自己（其實是一廂情願）的老大（＝父親），怎能辜負他的期望呢？他於是痛下殺手。然而旁觀者看到的事實就只是公男被黑道利用罷了。

◆出現問題行為時就是「協助的契機」

從以上兩個案例，各位應該能清楚了解悔過書是百害而無一利。為了讓大家理解最糟的情況是導致犯罪，我舉了兩個極端案例，但內容並非完全虛構，都是基於真實事件所修飾改編。

這兩則案例中，悔過書代表的意義一言以蔽之就是讓當事人自我壓抑，而日積月累下最終還是會爆發，也就是犯罪。

首先讓我們回顧【案例❶】，和子的心聲是什麼呢？她處在母親時時刻刻的監視下，還必須面對父親的暴力相向，可以想像這樣的壓力愈滾愈大導致她在店裡偷竊。她的內心深處糾結著對父母的各種情感，因而感到鬱悶，而悔過書在此時扮演了將鬱悶情緒「掩蓋起來」的角色，然而掩蓋不代表消失，而是壓抑，才會在她上大學後隨著事件的發生，藉由犯罪一口氣爆發出來。

那麼，當發現和子偷竊，我們該怎麼做才對呢？顯然協助方向是讓她將內心深處的鬱悶情緒發洩出來：「媽媽時不時就偷看我有沒有在讀書真的煩死了！」「不聽人講話只會動粗的爸爸爛透了！」像這樣一吐為快之後，才能協助她慢慢恢復。

我已經重複說過很多次，問題行為就是了解孩子的機會。當孩子發生問題行為，請務必忍住責罵，先好好傾聽他這麼做的理由，行為的背後一定有著寂寞或壓力。孩子發洩完後，才會真正意識到問題行為的後果，也才能做到真正有意義的反省。

【案例❷】的公男又是如何呢？公男希望母親可以接住他遭受霸凌的痛苦，母親的回應卻是要求他反省，於是他下了「悲壯的決心」，不再向母親說真話，也意味著不再對任何人展現真實的自己，選擇自我壓抑。

那麼，當母親發現公男偷拿家裡的錢，該怎麼處理才好呢？面對孩子的自白，其實只要接納他，對他說：**「原來發生了這麼痛苦的事，你一定很難過。」**聽到母親這麼說，他應該會把一直以來強忍在內心的情感一口氣宣洩出來，也會忍不住掉淚吧！

前面也提過，向父母坦承遭到霸凌會讓孩子覺得很丟臉，正因如此，當孩子展現自己的軟弱，父母應該把握機會，好好傾聽，不論是「我很痛苦」或「我很難受」都是孩子必須鼓足勇氣才說得出口的。

要是當初母親接納公男，他或許就不會犯下殺人罪。一想到孩子的人生之所以變得如此悲慘是源自於小時候與父母之間的小小互動，我不免感到悲傷。為什麼公男的母親沒辦法好好接納自己的孩子呢？理由與和子的父母一樣，因為代間傳遞。我想公男的母親身邊，也沒有接納真實的她的人吧！

這兩個案例的主角發生問題行為的當下，倘若父母能展現包容的態度，而不是要求寫悔過書，他們的人生或許就能朝良好的方向發展。讓我再複述一次，出現問題行為時，就是給予協助的機會，必須有人從旁切入，斬斷負面的連鎖效應。

◆問題行為是「有必要的行為」

我認為問題行為是「有必要的行為」。從前面案例可知，偷東西對和子來說具有排解內心痛苦的效果；而對公男而言，為了在霸凌中保護自己，他必須偷拿家裡的錢。當然兩人採取的方式在社會上是不對的行為，但對於當時的他們卻是避免大規模反撲（或為了活下去）的必要行為。

學校裡有些學生會抽菸，雖然未成年抽菸犯法，但是從心理的角度來看，他們處在考試與同儕的壓力之中，而抽菸能幫助他們排解煩躁不安的情緒，具有消除痛苦的效果。

應該有人想提出不同意見吧？例如受朋友引誘而開始抽菸的孩子是因為太軟弱才無法拒絕。但我認為即使如此，抽菸對孩子也是有必要的行為。

處理問題行為時，我會和孩子一起追溯行為的「根源」，而他無法拒絕朋友絕對不是因為「太軟弱」。

通常我會與孩子進行以下對話：

「如果當時你拒絕他會怎麼樣呢？」

「應該就會被孤立吧（沒人要跟我當朋友了）。」

「所以你是害怕萬一拒絕了，就會變成孤零零一個人嗎？」

「因為我怕孤單。」

「學校裡也有同學不會抽菸，為什麼你要跟抽菸的人做朋友呢？」

「因為之前常在一起的好朋友對我做了討厭的事。」

「這樣啊，那時你的感覺怎麼樣呢？」

「我很難過。」

「謝謝你跟我說。」當孩子忍著痛苦展現自己的脆弱面，也意味著他向傾聽者敞開心房，我們必須鼓勵他，謝謝他把痛苦說出來。

「你孤單一個人一定很難受，那後來呢？」

「有（抽菸的）朋友來找我一起玩。」

「朋友看到你一個人孤零零的，所以來幫你了啊！」透過這個方式重新詮釋慫恿抽菸的朋友，將之視為為了幫助孤單的孩子而「必要」的存在。

總歸一句，我們要和孩子一起思考為什麼他和抽菸的人交朋友，而在聽他訴說的過程就能明白那是當下所必要的。其實被慫恿者和慫恿者一樣，當感受到對方和自己有共鳴，就會想和他建立關係，即使在外人眼中他是壞朋友也無所謂，尋求理解自己的對象是人類的天性。

說到這裡，各位讀者應該能明白為什麼看到孩子抽菸也不要立刻要求他反省，大人必須改掉這個態度，只要好好傾聽，讓孩子把內心話全部說出來，通常是出於寂寞、為了排解壓力，或受人際關係所苦才會產生問題行為。

◆悔過書只是讓問題用很糟的方式暫時消失罷了

話雖如此，未成年不論偷竊、喝酒或抽菸都是違法的，不可避免要接受懲罰。我想說的是，懲罰他之前，大人要從問題行為是「必要」的角度重新看待孩子，並且給予陪伴，跳過陪伴劈頭就要求孩子反省，最糟的結果是讓他走上犯罪。至少發生問題行為的當下立刻罰寫悔過書是完全沒有意義的，不但沒意義，還強迫他壓抑，增加未來犯下更嚴重罪過的風險。

然而不單單只是在國高中，幾乎所有稱得上是「學校」的地方，一旦學生發生問題行為，一直以來都是罰寫悔過書。悔過書某種程度上是最簡便的方法，只要寫出「像樣的悔過書」，任何人看了都會接受這個孩子已經在反省，但這一切只是用錯誤方式讓問題延後發生罷了。事實上，我目前任職的大學也是這麼處理學生的問題行為，先是叫學生寫悔過書，再根據內容決定如何處分，不論哪所大學應該都是如此。

我在學校裡，因為幾乎所有人都知道我長年從事協助受刑人的工作，當學生出現違法行為，校方有時會指定我去處理。接下來我要介紹一個幾年前經手的案例，主角是發生賭博行為的學生，而悔過書就是整起事件的起因。

案例3 井上康弘（化名）二十歲

罪名◯恐嚇及賭博行為

井上康弘和一名男同學玩撲克牌賭錢，男同學（以下稱「被害學生」）慘敗，輸掉的賭金高達數十萬日圓。他根本付不起這麼高額的賭金，便問井上：「我沒有這麼多錢，能不能放過我？」賭贏的井上對他語出威脅：「所以你打從一開始就沒有打算要付錢，那還敢跟我賭！是把我當白痴嗎？沒錢就搭船出海捕魚來還錢啊！」

被害學生非常害怕，到學生輔導室找心理師商量，我所屬的學系所有老師都知道了這件事。學生部[5]主任立刻把井上找來，確認眞有此事後問道：「他（被害學生）被你（說的話）嚇得魂不守舍，你對自己的行爲有什麼看法？」井上一臉平靜地回答：「我不覺得自己有說錯話。」不論主任如何說明井上帶給對方的傷害，他一律以「不干我的事」回應。最後主任認爲井上造成對方的傷害是事實，況且賭錢就是不對，要求他寫悔過書。他雖然一臉不以爲然，也只能回答「我知道了」然後回家。

過了幾天，井上交出悔過書，那份「像樣的悔過書」簡直令人讚賞，但之後問題發生了。校方決定處分井上停學數個月，井上完全沒料到自己會被停學，他認同賭博是錯的，但是強烈主張自己的言行毫無不妥，推翻了悔過書的內容。這件事成了系所裡的大事件，甚至有老師生氣表示：「他知不知道自己說了多麼過分的話？這種學生應該馬上把他退學！」

我開始和井上面談，我想他堅持自己沒有傷害到對方，肯定有他的「理由」，所以試圖尋找他的問題根源。我請他聊聊青春期和父母的相處情況，他開口告訴我許多小故事。

從小父親總是要求他「考試都要考一百分」，當然不可能每次都拿一百分，所以當考不到一百分（即使是八十分或九十分也一樣），父親會用瞧不起的口吻對他說：「你是笨蛋嗎？」我聽了問他：「父親說這麼過分的話，當下你覺得如何呢？」他回答：「我很生氣，但也只能自己更努力。」我進一步追問：「如果是我，被自己父母說了這麼過分的話一定會很受傷，你呢？」他思考了一下回答：**「我沒有感覺。」**

除了這個故事，井上還和我分享父親對他的各種嚴厲斥責，對於我提出的任何問題都老老實實回答，在我看來他就是個好青年。如此一來，理由就很明確了，他之所以滿不在意說出傷人的話，是因爲自己也長期受到如此對待，而從「我沒有感覺」這句話可以推測，他已經習慣壓抑自己的感受，對於什麼話會傷人的標準也變得比一般人寬鬆。當我這麼告訴他後，他同意並且表示：「我沒有這個意思，現在我才知道原來自己說出來的話這麼傷人，以後我會多注意。」自始至終都向我坦誠以對。

「謝謝你這麼坦白。」最後我向他表達我的感謝，接著又補上一句：「不過，唯獨一件事情你不老實。」他露出驚訝的表情，我說：「就是你寫的悔過書。」他聽了之後放心地笑了。

這個案例能夠有好的結果，是因為井上在面談時願意講出真心話，他唯一說的謊就是寫下「像樣的悔過書」，除此之外，他說的都是真的。

對被害學生說出傷人的話，其背後是自己曾被父親如此傷害。因為經常受到言語攻擊，他的感覺神經對那些會傷人的話自然就麻痺了。從這個案例也能得知，要求孩子寫悔過書不僅沒有意義，還可能讓他變得更壞。**如果一個孩子寫出愈像樣的悔過書意味著他可能變得愈壞，這世界上還有比這更悲慘的事情嗎？**

寫悔過書是很危險的，我們該做的是和他一起探究為什麼出現問題行為（【案例3】就是井上為什麼變成說話那麼傷人的人）？他內心的問題是什麼？大人必須以這樣的態度陪孩子面對。

當然，井上的問題並非如此就能完全解決，但是我們可以期待他的大學生活將會往好的方向發展。而他如果沒有因為這次經驗認識自己，說不定以後真的會去作奸犯科。

我現在任職的大學經常發生的問題行為是，很多學生沒有辦理借書手續就擅自把圖書館藏書帶出去。當一走到門口，警報器就會響，但畢竟不是什麼嚴重過錯，每次都是叫當事人寫悔過書，說教一頓就不予追究。他們寫的悔過書還真是千篇一律：「我的疏失造成大家困擾，真的很抱歉，我以後會更加注意，不會再發生同樣的事，也會努力認真念書。」我看了都忍不住覺得：「有這麼嚴重嗎？」即使這麼做解決不了問題，但也不能因此什麼都不做，最後還是寫個悔過書了事，這就是目前的狀況。

不過，無論哪個學生都能寫出「像樣悔過書」的事實，讓人覺得有點恐怖，代表他們平常習慣挨罵，也習慣被要求反省。而「培養」他們寫出「像樣悔過書」的能力其實源自家庭教育，做錯事就該好好反省是社會普遍認同的管教方式，但卻是讓孩子走上犯罪的重要因素。既然如此，我們有必要從根本開始檢討這種做法，細節我會在第四章說明。

◆反省會讓人失去面對內心的機會

讀到這裡，各位應該能理解要求孩子反省只會讓問題變得更糟。做錯事只要立刻道歉，然後發誓絕不再犯，這種制式反省不僅在學校的教學現場，在家庭甚至整個社會都是很普遍的，然而這麼做只會讓問題延後發生，甚至以更壞的形式發生。

要求反省不但無法讓當事人思考為何做出問題行為，更會剝奪他面對「內心」的機會。之所以做出問題行為一定有他自己的「理由」，唯有仔細傾聽他訴說理由，才能協助他覺察內心的問題。

有時我們也很常要求當事人「將心比心」、「站在別人立場想一想」、「思考身邊的人會怎麼想」，這是行不通的，當然思考自己對他人造成什麼困擾有其必要，但這和單純要求反省的結果一樣。其實我們該做的是鼓勵他「想想自己的內心」，如此才可能協助他覺察內心的問題。要求他反省自己帶給別人多少困擾，也等於剝奪了他思考「內心」的機會，不僅如此，還會讓他習慣將寂寞、壓力、痛苦都隱藏起來，最後一口氣爆發，演變為犯罪行為。

可能有人會覺得我形容得太誇張，但是現在教學現場所執行的生活教育指導確實可能教出罪犯。儘管如此，學校還是遵循著「問題行為↓反省↓下定決心↓結束」的處理方式，而監獄裡對受刑人的指導也是採用這種方式。

下一章我會探討目前矯正教育現場要求受刑人反省的指導方法會引發的問

題，並進一步說明我如何實際執行「不要求反省」的引導方式。

● 3 **教師研習中心** 日文為「教育中心」，為各地方政府轄內提供各級學校教職員進修之機構。

● 4 公男的發音是きみお（kimio），與日文的奇妙（kimyo）發音類似，日文的奇妙有怪異的意涵。

● 5 **學生部** 大學裡負責獎學金、課外活動、學生輔導等與學生生活相關事務的單位。

第3章

讓受刑人同理被害人只會帶來反效果

你以為的反省，只會讓人變得更壞

Chapter 3

被害者の心情を考えさせると逆効果

反省させると犯罪者になります

◆納入被害人觀點的教育

所謂「納入被害人觀點的教育」是監獄對受刑人所實行的更生課程一環，從名稱可知實施對象是犯下「有被害人犯罪」的受刑人，一般是殺人、傷害致死等奪取他人性命（包含殺人未遂在內）等侵害生命、身體的犯罪[6]。

順帶一提，針對不同受刑人會有不同的更生課程，又叫「特別改善指導」（以下稱「改善指導」），例如針對吸毒的受刑人有「藥癮戒治指導」，而加入幫派參與犯罪的受刑人有「黑幫脫離指導」等。

為了積極協助受刑人更生，有必要依據不同犯罪類型給予相對應指導，因此在二〇〇六年五月首次進行修法，法律名稱是《有關刑事設施[7]及受刑人處遇之法律》，爾後再次進行修法，現在名稱是《有關刑事收容設施及收容者處遇之法律》。二〇〇六年以前監獄當然也進行矯正教育，但內容不外乎是讓受刑人讀被害人的手記或觀看影片，而非系統地規畫課程並按部就班執行。

監獄本來是處以受刑人刑罰的地方，要求受刑人從事監獄作業是最基本的。而完成作業最重要的是遵守規則與秩序，少了規則或秩序，遑論作業，連矯正教育也無法執行。想了解監獄的規則與秩序，最直接的方式就是去看受刑人的作業情況。各位有機會可以到監獄參觀，不論哪所監獄都能看到受刑人以十人左右為一個單位，像軍隊般以整齊劃一的腳步行進。

然而監獄作業是刑罰，無法使受刑人更生，刑罰只能算是社會性制裁，不是用來協助更生的手段。隨著近年媒體大篇幅報導更生人再次犯罪的事件，輿論批判聲浪高漲，政府因而被要求檢討監獄內實施的矯正教育內容，從明治時代施行至今的《監獄法》才得以在百年後獲得修法。

那麼，針對殺人罪或傷害罪的受刑人所實行的「納入被害人觀點的教育」，具體而言是什麼呢？以下引用二〇一〇年法務省[8]《犯罪白書》[9]的基本課程指引

（由於內容艱澀，嫌麻煩的讀者可以跳過）：

矯正機關內部針對因犯下殺人罪、傷害致死罪等危害他人生命、身體之受刑人中，對被害人及其家屬缺乏悔意者，於特別改善指導導入納入被害人觀點之教育，使其回溯自己的罪行，認知並理解對被害人及其家屬造成莫大的肉體與精神傷害，萌發對被害人及其家屬之贖罪意識，並進一步思考如何補償等具體方法。

上述指導之進行時間，原則上每週或隔週一次、一次五十分鐘為一堂課，共應執行十二堂，進行方式包含：由矯正機關職員或犯罪被害人保護團體成員進行之講課、由被害人或其家屬進行之談話，表達自身痛苦與悲傷；觀看記錄被害人心境的影像教材、閱讀被害人或其家屬所寫的手記與描述生命之偉大的文學作品，使受刑人寫下感想，並輔以小組作業或角色書信療法等處遇方式。

文中提到的「贖罪」對各位來說或許有點陌生，納入被害人觀點的教育有時稱作「贖罪教育」，而從上述法務省的描述來看，贖罪教育的目的簡單說就是讓受刑人理解被害人的悲痛，反省自己犯下的罪過，誠心悔改。或許有人認為這是理所當然的事情，但實際上這是極為困難的教育。要讓犯下重罪的非行少年和受刑人理解自己的行為造成他人多大的傷害、是何等的罪大惡極，正是所謂「說起來容易，做起來難」，長久以來不知讓多少法務教官[10]和監獄官為此傷透腦筋。

上述是法務省的課程標準，具體實行方式交由各獄所自行決定。每所監獄會配合內部狀況想方設法、絞盡腦汁、奮鬥不懈，一再嘗試與修正課程內容，實行期間與授課次數也不盡相同。

以我參與的情況為例。我在ＬＢ指標監獄是十個月內以每月一次、總共七次的方式授課，而在Ｂ指標監獄是五個月內以兩週一次、總共八次的方式進行，兩者實行期間有所不同並非出於什麼特殊理由，單純是配合我的時間。因為ＬＢ指標監獄距離我的住處很遠，只能以每個月一次的頻率進行，當然可以的話，我也想像Ｂ指標監獄那樣在短期間內集中授課，而不是拖拖拉拉的。

話說回來，監獄就如我之前所說，其最初的目的是讓受刑人接受懲罰、執行作業的場所，即使法律已於二〇〇六年重新修訂，但畢竟過去監獄內部從未正式對受刑人實行矯正教育，職員當然不具備輔導所需的知識與能力。

另一方面，少年院長年從事矯正教育，因此某些少年院教官開始以「教育專門官」[11]的身分至監獄任職，但是少年院和監獄畢竟在文化、背景上截然不同，以現況來說即使雙方合作，要達到能輔導受刑人的程度仍然需要一段時間。

◆不實行矯正教育反而比較好？

一般認為身為加害人的受刑人既然犯了殺人罪，就該深刻體會被自己奪走性命的被害人有多麼不甘心、其家屬如何痛徹心扉，深切反省自己的行為導致多麼嚴重的後果，這樣的反省教育是有效且必要的。這個方法確實是「正道」，但事實上很難收到預期的效果，也有文獻舉出這點。

一份在滋賀監獄進行的「納入被害人觀點的教育」研究中，就指導內容而言與法務省的課程指引大同小異，主要包含透過理解被害人現況、體會被害人內心的悲痛與苦惱產生悔意，然而該研究發現：「真實情況是，受刑人的出發點還是為了自己，表現出賠罪態度不過是自我滿足。」（二〇〇八年　寺村勇一、香西貴史〈針對滋賀監獄「納入被害人觀點的教育」之推動現況〉《大會發表論文集第四十四屆》日本矯正教育學會）

將上面這段話解釋得更淺顯易懂便是，受刑人會從有利於己的角度解釋自己犯下的事件：

●他（被害人）自己也做錯事，應該也有覺悟會被殺吧！

●他會死在我手上都是命運的安排。

●雖然他的性命被我奪走，但我也進了監獄服刑，我會連同他的分在監獄裡好好努力。

這些話聽在被害人家屬耳裡，加上事件帶來的悲痛，恐怕是無法容忍的雙重憤怒。

我也希望舉出更多文獻佐證，但卻找不到任何實際執行「納入被害人觀點教育」的研究。少年院和監獄幾乎不曾對外公開任何執行內容，就連我身為參與矯正教育的一分子想取得資訊都叫苦連天了，遑論一般人又該如何了解內部究竟施行什麼樣的教育。

少數能取得執行狀況相關資料的方式有三種：日本矯正教育學會舉辦與結集的《大會發表論文集》、將其成果寫成論文後發行的刊物《矯正教育研究》，以及財團法人矯正協會出版的月刊《刑政》。前兩份刊物《大會發表論文集》與

《矯正教育研究》必須加入日本矯正教育學會才能取得，而第三份刊物《刑政》在一般書店架上找不到，必須直接向出版《矯正教育研究》的財團法人矯正協會洽詢與購買。社會上關於矯正教育的資訊已經如此有限，想取得資訊還需要額外的「資訊」。

雖然我找不到針對「執行狀況」的研究，但是有關「執行方式」的研究則曾發表在前述三本刊物中。其中一份是宮澤充所著，記載了二〇一一年日本矯正教育學會的執行內容，不過僅止於介紹課程表，並未提及執行結果，也未提出這份研究究竟發現了什麼。該課程表看起來與法務省公開的課程指引相同，也就是徹底讓受刑人理解被害人並且反省悔過。

宮澤在這份研究的最後寫到：

「納入被害人觀點的教育」說穿了就是學習人心的教育，加害人和被害人絕不可能一樣，關於人心沒有所謂的指引，我們能做的就是努力設計課程，再藉由實踐發現問題，反覆改進、推敲。此外，也要致力於從獄中的日常處遇培養教育風氣，使課程發揮最大效果。

（二〇一一年〈市原監獄有關納入被害人觀點的教育之推動〉《大會發表論文集第四十七屆》日本矯正教育學會）

從上面這段敘述可以感受到宮澤的熱忱。不過，他一方面說「沒有所謂的指引」，另一方面他所主張的基本路線還是不脫要求反省的原則，我認為除非揚棄基本路線，否則再多的「反覆改進、推敲」，想要收穫教育成效也只是緣木求魚。再說句不好聽的，研究本來就該把成果（藉此說明了什麼）寫清楚，沒有寫出成果在我看來反而證明了這個執行方式本身並不有效。

接下來我想介紹的是運用統計的量化研究成果。坎貝爾共同計畫（The Campbell Collaboration）是一個考察研究的國際性非營利組織，研究對象為社會政策，也包含刑事政策。令人驚訝的是其研究結果顯示，讓受刑人同理被害人的課程不僅無法預防再犯，甚至可能引發再犯（二〇〇八年 龍谷大學矯正、保護研究中心編《坎貝爾共同計畫：介入、分析政策之系統性回顧第一號》）。

參與這項研究的濱井浩一聲明此研究結果只是「假設」，至於為什麼引發再犯，他的解釋如下：

讓受刑人同理被害人，某種程度等於認知自己做了多麼天理不容的事，不但使受刑人的自我認知貶低，也會造成嚴重的心理負擔。在被害人已經死亡的情況，假設受刑人能同理被害人的感受，自然會覺得：「只有我自己活下來對嗎？」無論是否爲受刑人，要在這種狀態活下去應該是相當痛苦。而這樣的課程某種程度上或許導致受刑人更不被社會所接受，也更難適應社會。

（二〇〇九年《兩塊日圓進監獄，五億日圓獲假釋》光文社）

雖然不能單憑一次研究結果就斷言，但假設坎貝爾共同計畫是對的，受刑人接受教育後反而提高再犯率，那麼寧可什麼都不要做。提供更生課程不但必須花費龐大費用與時間，還要動用許多人員協助，如此大費周章的結果反而促使受刑人再犯，不論是對被害人、協助者，甚至是受刑人本身都是一件悲傷至極的事，更何況最大問題是還會有新的被害人因此受害。

濱井雖然表明這是「假設」，但以我在第一線協助受刑人更生的經驗來看，他的見解符合事實。讓犯下殺人罪的受刑人藉由思考被害人的悲痛，由衷後悔感到「我真的做了壞事」，他會更加自責：「只有我自己活下來對嗎？」犯下如此嚴重罪過，受刑人確實應該感到痛苦，但是從更生的角度思考，這會導致他重返社會後更容易再犯。因為他的自我認知低落，回到社會後會避免與他人有所接觸，因而更加孤立，而孤立正是引發再犯的最大危險因子。當獨自忍受痛苦到了極限，最後乾脆自暴自棄，結果就是再犯。過去許多重大事件已經證明當孤立與自暴自棄同時發生，就會產生嚴重事件。

許多人認為殺人這種行為做了一次，不可能再做第二次，然而事實與各位的認知相左。前面提到的美達大和在書中寫到：

人類要做出殺人這種行爲照理說內心應該會很掙扎，但是做第二次的時候，抵抗程度會比第一次明顯下降許多。

（二〇一〇年《死刑絕對肯定論：無期徒刑受刑人的主張》新潮社）

同樣的話我也從好幾名受刑人口中聽過，每個人都是一臉正經地說：「第一次動手之前是下定決心才去殺人的，本來我也以為自己絕不可能再殺人，沒想到第二次很輕易就動手了，我也不知道自己為什麼會這樣。」看著他們如此冷靜描述過去事件，我不禁思考人究竟為何會犯下兩次殺人這種重罪。

其實這也是有原因的。受刑人出獄後的生活就是最大問題，第一次服刑期間沒有學到任何東西也是其中原因，不，他們並非什麼都沒有學到，他們學到的只有一個，就是「老老實實」服刑。然而，老老實實服刑正潛藏著再犯的可能。

◆「老老實實」服刑會導致再犯

剛開始為受刑人授課時，我告訴他們這堂課的原則是尊重在場所有人說出真心話，結果好幾位受刑人反駁「在這裡（指監獄）不能說真話」，一方面是因為外部協助者的課堂上都有監獄官陪同，說真話會造成觀感不佳；也有人擔心自己的真心話讓其他同伴聽到，可能會傳到別人（其他受刑人）耳裡，不知會被說成什麼樣子。

他們訴說這些理由時，我只是默默傾聽，將這些對說真話的抵抗也視作他們的「真心話」，不論是希望獲得假釋所以想給監獄官好印象，還是擔心被其他人曲解成奇怪的流言而對自己不利，我都能理解。可見受刑人不但要在意監獄官的眼光，對於一同服刑的同伴其實並不信任。簡單來說，他們的心是封閉的。

過了一段時間我開始思考，雖然理解他們無法說真話的理由，但是這樣下去真的好嗎？扼殺自己的情感、堅決不吐露心聲，也不結交知心朋友，每天只是按照監獄官指令乖乖服刑，出獄之後會變成什麼樣子呢？

服刑期間每天聽從指示，不吭一聲執行一個口令一個動作的監獄作業，確實會獲得監獄官的好評，也比較容易獲得假釋，然而問題會發生在出獄之後。一旦好幾年都過著這種有話不明說、只能聽命行事的日子，出獄之後怎麼有辦法和人好好相處呢？透過自我壓抑換來順利出獄的受刑人，回到外面的世界遲早會遭遇挫折，因為習慣有話憋在心裡，自然不想和任何人有所往來，也就變得愈來愈孤立。

在監獄裡，規則和秩序是最重要的，受刑人必須絕對服從監獄官的所有指示和命令。舉例來說，即使認為放在左手邊的工具移到右手邊操作起來會更順手，但是因為不被允許表達意見，只要監獄官一聲令下「工具放左手邊」，只能乖乖照做。

受刑人不被允許表達意見的理由很簡單，一旦採納其中一人的想法，是不是也必須聽取其他人的意見呢？作業現場通常是由個位數的監獄官看管數十位甚至數百名受刑人，光是採納一位受刑人的意見都可能讓情況一發不可收拾，獄方最怕的就是無法維護秩序。這些受刑人過去在社會上放縱惹事，現在也不可能乖乖過團體生活，內部經常處於一觸即發的狀態，作業期間彼此起口角也是常有的事。萬一衝突愈演愈烈，演變成必須向社會大眾公開的事件，對獄方來說是最大汙點。他們絕不容許讓事情演變到這種地步，因此嚴格要求受刑人絕對遵守監獄官的指令。

受刑人若對監獄官的指令表達意見，可能會違反秩序而被處以「懲罰」。而一旦被處以懲罰，受刑人在審查會（實際上是比普通審查更嚴格的說教場面）召開後會移送至獨居房，在裡頭花上好幾天反省悔過，當然也會被扣分，影響假釋的申請。因此，受刑人寧願扼殺自己的情感，表現得識相一點，也不願受到懲罰，換句話說，老老實實服刑才是最聰明的做法。

再補充一點，雖然我前面提到修法後獄方有積極義務提供受刑人改善指導，但實際上能接受改善指導的受刑人數量寥寥無幾，原因如同前述，內部職員沒有輔導能力，協助人力也非常有限。

此外，還有一個更根本的原因。隨著刑罰愈來愈加重，刑期長的受刑人數量不斷增加，而監獄為了節省經費，不僅刪減協助者人數，連監獄官都愈來愈少，畢竟監獄不具備生產力，說穿了，國家公帑最好不要花在這種地方或許才是政府的心聲。

在人力資源有限的情況下，無法讓每位受刑人都能上課，所以許多監獄將課程內容製作成講義，讓他們看完之後寫功課，以取代改善指導。然而不論講義編得再完整，沒有「人」作為媒介，光靠紙本根本不可能讓他們更生。多數受刑人完全沒有接受改善指導，或只受過如沾醬油般的輔導就出獄了。說得極端一點，他們的想法和進來之前完全一樣，不，縱使每個人都心想「絕對不要再來這種地方」，甚至發誓「以後要在社會上好好做人」，現實情況卻是一半以上的人都會再度回到監獄。

這代表什麼意思呢?受刑人出獄時的思考模式和入獄時沒有改變是個問題，但我認為更大的問題是，「老老實實」服刑會對受刑人內心造成重大影響(當然也有不肯老實服刑，反覆違反規定，對假釋不抱期待的受刑人)。

所謂老老實實服刑指的是必須將所有情緒和感受往心裡吞，也就是壓抑，時間愈長，壓抑就愈嚴重，可以說這段期間的壓抑會累積成為出獄時的「能量」，我想很多出獄後又犯下重罪者都是符合這種狀況。

此外，受刑人長期處在必須在意監獄官的評價，也無法對其他受刑人敞開心房的緊繃狀態，回到社會自然會變得時時在意他人目光，容易疑神疑鬼，愈來愈不想和人來往，最後無法在社會上建立良好的人際關係，變得孤立無援，即使好不容易找到工作也很快因為人際關係而碰壁，只好辭職。這些人在監獄服刑數十年，發下毒誓「絕對不會再入獄」，最後卻因為缺錢偷了一塊麵包又重回監獄，這樣的悲劇在現實生活都實際發生過，監獄被揶揄是「社會福利最後一道防線」的原因就在這裡。

刑罰時間愈長，罰則愈重，只會讓接受刑罰的人變得更壞。我不否認受刑人都是做了壞事的罪犯，也認為他們必須接受懲罰，但監獄的角色是什麼？刑罰的目的又是什麼？我認為有必要從根本重新檢討。

◆絕大多數受刑人都沒有反省

老老實實服完刑，結束在監獄裡的日子，成為所有受刑人的「目標」。照理說他們的目標應該是發自內心反省自己犯下的罪並且更生才是，但很遺憾，現實不如想像，絕大多數受刑人都沒有反省。美達大和就曾表示：

事實上只有極少數的受刑人會反省自己犯下的罪，或深感對不起被害人。儘管每項犯罪案件不盡相同，但我幾乎沒聽過有受刑人會反省自己出於慾望而剝奪他人性命。

（二〇〇九年《實錄　LB監獄：來自無期徒刑受刑人在獄中的最新報導》河出書房新社）

另一位被判處無期徒刑後獲得假釋的金原龍一也這麼說：

我從以前到現在看過的殺人犯裡，幾乎沒有人會時常想到被害人，也沒有人會日日夜夜反省自己的過錯。反過來說，如果有人表示自己很對不起被害人，只會落得被其他收容人用異樣眼光反駁：「那又怎麼樣？」「也不能怎麼辦了，說這些有什麼用？」「你只是想要假釋吧？」

（二〇〇九年〈假釋後的「無期徒刑受刑人」談「獄中三十一年」的悔恨人生〉《裁判員制度時代的基礎知識：「死刑」與「無期徒刑」　別冊寶島1619》寶島社）

受刑人不但沒有反省，甚至會因為反省而受到其他人責難，各位讀者或許會懷疑這是真的嗎？但是這些話，我就聽過好幾名受刑人親口對我說了。

我絕不是在幫受刑人講話，只是從現況來看，他們沒有反省其實也不奇怪。他們很常將「一年一眨眼就過去了」這種話掛在嘴邊，枯燥的監獄作業會讓人對時間麻痺。一位曾在旭川監獄服刑的受刑人出獄後表示：「未來的日子太長，根本不知道該怎麼辦，只能日復一日地過。」（二〇一〇年三月五日《讀賣新聞》）

每天重複單調的工作讓受刑人將乖乖服刑以便早日出獄當作唯一目標，心中對被害人的罪惡感也日漸薄弱。實際上被害人應該隨時存在於他們內心深處，然而每天茫然過著枯燥日子，思考被害人成為最不想面對的事，腦中想的反而是如何逃避傷害被害人所帶來的痛苦，這種心態肯定讓被害人和家屬難以忍受。他們的真心話是：「我已經這麼認真服刑想贖罪了，為什麼非得叫我想到被害人不可？」確實很自私，但這就是他們的藉口。

加重刑罰後，刑期隨之加長，長期服刑的受刑人也不斷增加，如此一來要施以矯正教育更是困難。某位因連續強暴事件判處十六年有期徒刑定讞，自二〇〇四年在千葉監獄服刑的受刑人便曾說過：「就算修法，在監獄裡還是只能工作沒辦法學習，所有人毫無反省就出獄了。」（二〇一〇年十二月五日《讀賣新聞》）

◆幾乎沒有受刑人主動希望接受改善指導

那麼受刑人如何看待改善指導課程呢？幾乎沒有人是主動想上課，所有人都是被命令而來，沒有權利拒絕。

我在第一次上課時曾做過調查，沒有人舉手表示想來上課，其中一人老實回答：「我一點都不想來，只是人家叫我來就只好來了。」其他人即使沒有說得這麼明白，表現出來的態度也是「可以的話才不想來」。

而態度最明顯的就是接受「藥癮戒治指導」的受刑人。他們是加害人的同時也是被害人，但由於是「無被害人犯罪」（但事實上他們已經對家人和周遭的人造成困擾），幾乎沒有意識到自己是加害人，也很難讓他們理解自己犯下的罪，不少人都明確表示「我又沒有造成別人的困擾」、「我忘不了吸毒帶來的快樂，我不想戒掉」，別說反省了，他們腦中只想著「下次要找到不會被抓到的方法」。對這類受刑人施以教育，大概只是左耳進右耳出罷了。

然而改善指導的實行對象，就是這些想著「乖乖度過刑期就好」的受刑人。當然絕大多數人都不想再進到監獄，但是「不想再犯」不等同於「想積極接受改善指導」，基本上他們腦中想的都是：「被害人跟戒毒我都不想管，我只想乖乖服刑，早點出獄。」協助者之所以愈來愈要求受刑人表現出反省態度，或許就是因為舉目所見的都是毫無犯罪自覺的受刑人。

雖然我寫得很絕望，但事實上也有不少人接受改善指導後有所改變，畢竟改善指導的目的是讓更多受刑人有所自覺、杜絕再犯。此外，引導時不要求他們反省才能讓他們有所改變，具體內容我會在後續章節說明。

◆徒具形式的角色書信療法

我在第一章提過角色書信療法，這裡再詳述一下。角色書信療法的出現與距今三十年前的日本少年院有關，這項心理學療法的基本進行方式是透過想像（並非真的要讓對方讀這封信），寫下「我寫給對方」的信，有時也會站在對方的角度寫下「對方寫給我」的信，在書信往返間觀照內心，試圖理解他人（一九八七年　春口德雄《角色書信療法：洞察人際關係的糾葛》創元社）。

第一個運用角色書信療法的人，是當時在熊本縣人吉農藝學院這所少年院擔任法務教官的和田英隆。他遇到一名在少年院認真學習的少年，卻因為繼母拒絕接他回家，行為開始走樣。和田請他寫下想對母親說的話，並把稿紙遞給他。少年把對母親的不滿和憤怒一五一十寫在稿紙上，發洩完後心情變得舒暢，人也冷靜下來。和田看到少年的變化，認為角色書信療法可以運用在少年院，便與當時擔任人吉農藝學院副院長的春口等人展開進一步研究。對苦於不知該如何讓少年有罪惡感的矯正界而言，角色書信療法的出現就像及時雨，瞬間普及開來，如今這個方法已經運用在所有少年院。

我之所以特別提出角色書信療法，是想說明其運用方式和現今少年院的矯正教育有很深的關係。但明明這個方法已經存在三十年以上歷史，而且普遍運用在全日本少年院，為什麼絕大多數人不僅不清楚內容，甚至連名稱都沒聽過呢？為什麼沒有推廣到社會上呢？

理由很簡單，因為角色書信療法並沒有好好被運用，說得更具體一點，它只被當作「反省的工具」。現今少年院使用角色書信療法變得很制式化，先是「我寫給對方」再是「對方寫給我」，而針對後者，院方會告訴少年被害人的痛苦，還有少年的家人與身邊的人又承受著什麼樣的痛苦，將重點放在他人，要求少年站在別人立場好好思考再開始寫。這個引導方式看似理所當然，但實際上得不到效果。

各位如果試著動手寫寫看便能發現，要站在他人立場寫出一封「對方寫給我」的信並不容易。不僅是少年，就連我們平常也幾乎不會站在別人立場想事情。**我們會在意他人眼光，因爲我們希望自己在對方眼中是好的，換句話說到頭來還是想著自己。**

要求少年或受刑人寫下「對方寫給我」的信，是希望他們站在他人立場檢視自己並且自我反省，但實際上只是拘泥於書信往返的形式。有些教官甚至在事件發生不久立刻要求少年以「我寫給被害人」、「被害人寫給我」，或是「我寫給母親」、「母親寫給我」的模式寫信。

我當然理解這麼做是想早點讓他們產生罪惡感，然而就如我反覆說明的，人的心理就是愈勉強愈得不到效果。即使自己做了對不起母親的事，寫完「我寫給母親」的信後，要反過來站在母親的立場寫出「母親寫給我」的信，任誰來做都是一件苦差事。和母親關係很好的人或許寫得出來，而和母親關係不好的人，要站在母親的立場是很痛苦的，勉強自己做痛苦的事，結果就是信件內容不是流於表面，就是徒具形式。

◆你能同理「虐待自己的母親」嗎？

讓我們試想一名從小遭受母親虐待的孩子，要求他站在虐待自己的母親立場、想想母親是什麼心情，是多麼殘酷的要求？要能站在母親立場寫下「母親寫給我」的信，前提是已經將對母親的不滿與憤怒發洩出來。不將壓抑在心頭的情感吐露出來，就不可能站在他人立場思考。

然而矯正教育很常要求快速看到反省結果，少年寫完「我寫給對方」的信後一定會被馬上要求下寫「對方寫給我」的信，拘泥於一來一回的形式導致少年必須立刻切換立場思考。每個人整理自己心情的所需時間本來就不同，少年院卻要求少年制式化書寫，根本是強人所難。

我曾經受邀到一所知名少年院擔任角色書信療法研討會的講師。聽說那所少年院的矯正教育執行得很出色，在納入被害人觀點的教育課程中運用了角色書信療法。我滿心期待他們一定是做到有效運用，但實際看到課程內容卻讓我很錯愕。

該所少年院進行課程的方式是，先讓少年閱讀「了解被害人」、「被害人的心情和心願」、「負起責任」的文章，接著要求他們寫下數封「我寫給被害人」

與「被害人寫給我」的信，往返次數多達九次，加起來一共十八封信，次數之多令我非常驚訝！最後則是以「寫給被害人的道歉信」結束整個課程。

我打從心裡懷疑這些少年未曾觀照過自己的內心，一味重複這個模式真能加深他們的罪惡感嗎？當然，他們做了壞事確實應該被如此要求，但是就像我說的，人的心理並沒有這麼單純，這種引導方式只是讓他們朝著院方想要的方向反省罷了。

關於角色書信療法，有一份有趣但年代久遠的資料，是針對某所少年院實際進行過角色書信療法的少年所做的問卷調查研究。

問卷中詢問四十五名少年：「角色書信療法對你有幫助嗎？」其中三十二名（七一．一%）少年回答「是」；反過來說，將近三成的人認為沒有幫助。表示有幫助的少年覺得「籠罩在心裡的烏雲終於散開，心情變舒暢了」，也有少年提出「希望可以增加寫信的對象」、「希望可以不要有限制」的意見，也就是希望自由選擇書寫對象。另一方面，表示沒有幫助的意見則有：「要從別人的角度寫信很困難，只寫得出很表面的內容」、「想到要拿給教官看，腦中只有不能亂寫的想法」、「我覺得兩個月寫一次就夠了」（一九九三年　竹下三隆、榊原康伸〈運用角色書信療法進行團體輔導之應用與實踐〉《矯正教育研究第三十八卷》日本矯正教育學會）。

我想更深入了解這份研究，便去拜訪竹下先生，他表示有少年在問卷中反應：「這個方法（角色書信療法）還要再繼續下去嗎？」可見對角色書信療法感到不滿。竹下也認為制式化的寫法效果確實有限。

從竹下的研究結果可知，想透過這個方法得到效果，必須讓他們自己決定怎麼寫。前述的少年院就限定書寫對象必須是「被害人」，不得寫給被害人以外的對象，如此可能造成少年隱藏真實想法，做做樣子交差了事。其實仔細想想不難理解，要他們和被害人進行書信往返多達十八封簡直是修行，然而教官的指令必須絕對服從，不但要寫，甚至要寫得讓人滿意。

我能理解某些人士主張必須來回書寫無數次才會看到效果（抱持這種意見的背後有著「多寫才會反省」的一廂情願），但做不到的事情是勉強不來的。事實上，角色書信療法的最大效果是幫助當事人將累積在心裡的負面感受抒發出來，因此重點是「我寫給對方」，而不是一味地來回寫信。

我遇過很多受刑人曾在少年院被要求進行角色書信療法，他們的反應都是：「我記得有寫過，反正就是寫個悔過書就可以了吧？」每次聽到他們這麼說，我總是不由地心想，果然角色書信療法變成了「悔過書教學講座」。明明是一項讓人表達負面情緒、整理內心的好方法，演變至此豈不是本末倒置。

◆抒發負面情緒後

我在第一章提過受刑人常對被害人心懷不滿與憤怒，即使如此，他們也知道殺人是不對的，所以就算心裡這麼想，也不敢隨便在其他受刑人甚至指導者面前說出來。

不過，有些受刑人知道與我面談或在我的課堂上可以說出真心話，就願意吐露真實感受。我的做法是，鼓勵他們將心裡的不滿與憤怒發洩出來，即使憤怒對象是被害人也無妨。容我先聲明，我絕非無視於失去生命的被害人和其家屬的悲痛心情，殺人是天理不容的，但是站在協助加害人的立場，我必須先引導他們將壓抑在心頭的情緒抒發出來，再一步步整理心情，才能協助他們重新做人。

讓我用第二章【案例❷】公男的例子來說明。公男遭到同學譏笑與霸凌，偷拿家裡的錢而被母親罰寫悔過書，之後在朋友慫恿下加入黑道，受老大委託犯下殺人罪。第一次面談時，他在聊天過程中說出對被害人的真正想法：「是他造成我們幫派的困擾，一切都是他自作自受。反倒是我被他害到得進監獄，我才是被害人吧？」我請他將想對被害人說的話寫成一封信。第二次面談時，他帶著「我寫給被害人」的信，內容如下：

我寫給被害人

雖然我這麼說有點殘忍，但如果不是田中（化名）你先做出妨礙我們幫派的行為，我也不會奪走你的性命，你知道多少人因你而受苦嗎？而且我因為殺了你，現在進了監獄，我一直很恨你。每次一想到要不是你，我也不會被送進這種地方就讓我覺得很痛苦。我會被逼得這麼慘，都是你害的，你知道嗎？這一切都是你的錯！

（中間省略）

老師要我把對你的想法寫下來，我才開始搞清楚自己的想法。雖然我寫了都是你的錯，但是我知道奪走你性命的事實永遠不會消失。把所有錯推到你身上是因為我不想面對自己犯下的重罪，我連這都沒有察覺眞是個爛人。田中先生對不起，我錯了，我從來沒想過你可能和我一樣也有心愛的妻子、心愛的小孩、心愛的家人，爲什麼我卻……我知道說再多你也不會原諒我，眞的很對不起。

面談時公男說這是他第一次面對自己所犯的罪。進一步深談後，他才提到曾經遭受霸凌的過去，於是我請他分別寫信給當初霸凌自己的同學和母親。

我寫給霸凌我的同學

霸凌我很有趣嗎？看到別人痛苦很開心嗎？我後來也變成了霸凌別人的人，但是我一點也不覺得開心有趣。每次霸凌別人，都像看到被霸凌的自己，心裡覺得很空虛。把別人的痛苦、悲傷當作一件有趣的事，這種人應該不是人吧？

經歷過傷害與被傷害，自己痛過，也能體會別人的痛，難過的時候一起悲傷，開心的時候一起大笑，這才叫朋友不是嗎？

現在的我，想告訴所有霸凌的人，希望你們明白傷害別人就等於是傷害自己、貶低自己。

我從那天開始踏上只會傷害別人的不歸路，所以背負著刑責。現在的我完全不認爲傷害別人是快樂的，也希望讓你們知道，唯有懂得分擔他人痛苦才能稱作是人，這是我發自內心的想法，未來的人生我會好好贖罪。

霸凌是會改變一個人的人生的，希望你們有所體悟。

我寫給母親

媽媽，謝謝妳生我養我。即使我犯了四次罪，妳還是到處幫我籌錢，一直到臨死前都在幫我還債。但爲什麼妳不在我小的時候就對我好一點呢？小時候家裡很窮，有些話我到現在才說得出口，其實那時我每天都好痛苦，好難過。

跟妳說了那些話之後，爲什麼妳不接住我的心呢？爲什麼妳就不肯抱抱我呢？我被同學霸凌，痛苦不堪的時候，不是向妳求救了嗎？後來我開始偷竊，轉爲向壞朋友求助，跟他們一起做壞事加入他們，都是爲了保護自己。我最清楚被霸凌的痛苦，卻反過來霸凌別人，踏上這條不歸路。媽媽，妳是怎麼看我的呢？

如果當初妳好好聽我解釋，或許我就不會霸凌別人，也不會走上犯罪了吧？

不過，我很清楚知道到頭來還是我太軟弱了，千錯萬錯都是自己的錯。儘管如此我還是常常會想，要是那時妳能抱住我，好好對待我，我的人生是不是就會不一樣了呢？我不是要怪妳，只是希望妳能收到我發出的求救訊號。

公男在面談時流著淚向我坦承，這是他第一次覺察到原來被霸凌時，心裡想的是希望母親接住他，原來自己是如此想感受到母親的愛。他透過角色書信療法誠實面對自己的內心，也有了重要的覺察，我對於他的轉變予以讚許。後來他提到過去的自己太愛逞強，希望今後能和他人建立起溫暖的相處模式。藉由角色書信療法，他第一次有機會將隱藏在心底的負面感受發洩出來，進而覺察到「愛」的重要性，這就是踏上通往更生道路的第一步，細節我將在後續章節說明。

從公男的案例可知，要發揮角色書信療法的心理治療效果，必須讓當事人先將負面感受發洩出來。第一個將角色書信療法使用於矯正教育的和田英隆教官，就是因為看到少年將內心想法一五一十寫下來後心情變得舒暢，才發現這個方法的效用，然而卻在不知不覺間，角色書信療法演變成用來強迫非行少年和受刑人反省的工具。每當我看到利用角色書信療法讓少年寫下「像樣悔過書」的教官，就彷佛看到讓學生寫下「像樣悔過書」的學校老師影子。

◆「內觀療法」的問題

除了角色書信療法外，另一項源自日本且廣泛運用在少年院和監獄的心理療法是「內觀療法」。

內觀療法為奈良縣出身的吉本伊信所創，他將淨土真宗某流派的修行方式「身調法」[12]加以改良，讓一般人也能實作，進而推廣開來。內觀療法於一九五四年導入少年院與監獄，用於矯正少年和受刑人（一九六五年　吉本伊信《內觀四十年》春秋社），並由親自體驗過此方法的職員擔任指導者，負責教導少年和受刑人練習自我覺察。

具體進行方式是，讓被指導者針對某段關係舉出【①對方為我做的事】、【②我為對方做的事】、【③我給對方造成的困擾】。第一個舉例對象除非有特殊情況，通常會指定是「母親」，結束後再根據本人的成長背景挑出有重要影響的人物（例如父親、兄弟姊妹、朋友、老師等），透過一個個對象，將人生從小時候到現在，以每三至五年為區間來進行自我觀察。

少年院和監獄通常會採取「集中內觀」的方式，讓少年和受刑人進到一個完全隔絕外界刺激的空間（日本各地都有「內觀研習所」），住在那裡一星期，每天從早上五點到晚上九點，除了用餐和洗澡以外都在進行內觀，一天長達十六小時。

內觀療法所要觀察的三個項目，其花費時間比重並不相同，特別是【③我給對方造成的困擾】會花較多時間。具體而言，假設有一百分鐘，指導者會要求花在【①對方為我做的事】二十分鐘、【②我為對方做的事】也是二十分鐘，【③我給對方造成的困擾】則是六十分鐘。至於為何要採取這樣的分配，創立奈良內觀研習所的三木善彥提出三種思考方式（一九七六年《內觀療法入門：日本形式的自我探求世界》創元社）。

首先是「想一想有沒有欠對方人情」。【①我為對方做的事】是指做人情，【②對方為我做的事】則是欠人情，人通常會把做人情牢記在心，欠人情轉頭就忘，所以要好好回想。至於【③我給對方造成的困擾】代表自己造成對方的損害，也屬於欠人情。這個思考方式是將已經忘掉的人情債徹底翻出來，藉此覺察自己究竟受到他人多少恩惠。

第二個思考方式是「先不管對方，好好思考自己是什麼樣的人」。進行內觀時，指導者（每一到二小時就會進來問「你觀察到哪些事情？」的人）若發現學員只有單方面批評別人，就會指點他批評別人前先想想自己過去的表現，將關注力從朝向他人轉回來面對自己，即使對方有錯在先也值得批評，但在那之前必須深自反省。三木將此稱為「自責的思考方式」。

第三個思考方式是「站在對方立場思考」。為了導正太過自我中心的學員，指導者會詢問「那時對方的感受如何」以提醒他要替別人著想。

這三項思考方式總歸來說就是檢視「有沒有欠對方人情」、「自己有沒有錯」、「對方的感受是什麼」這三點。如此一來，內觀者會認為總是「對方為我做事」，很少「我為對方做事」，而且有好多「我造成對方困擾的事」，萌發「像我這種只會給人添麻煩的人，居然可以不被拋棄，好好活到現在」的想法，進而體察他人對自己的愛，並湧現感恩的心與撥雲見日之感。

我們該如何看待內觀療法呢？我認為如果指導者企圖藉此讓學員產生罪惡感，內觀療法也會淪為要求反省的套路，更進一步說，矯正教育中使用內觀療法，對於想要一套反省式心理療法的獄方，根本是一拍即合。

大多數非行少年和受刑人都是在非常惡劣的環境下長大，被暴力相向、遭到遺棄，甚至遭受虐待也絕不少見，要求他們站在虐待自己的父母立場思考，豈不是很殘酷嗎？他們所犯下的罪造成父母相當大的困擾是事實，然而事情演變至此的源頭，難道不是父母造成他們的困擾嗎？

他們在如此環境下一路活到今天，這中間遭受父母各種不當對待，內心累積了許多惡劣情緒，卻得一直壓抑在深處，如果引導方式不是協助他們抒發出來，反而要求他們自省是否造成別人困擾，就是讓壓抑的情緒更加無處可宣洩，結果就和誤用角色書信療法一樣。

我並不是要否定內觀療法，而是想說明使用這些心理療法若從「反省至上」出發，那麼不論角色書信療法或其他任何方法都會失去其原意。提供受刑人改善指導時，應該先將焦點放在指導者的原則與態度，之後才是檢討具體的指導內容。

◆從加害人觀點開始

我認為納入被害人觀點的教育（意即同理被害人並進而反省的教育）會使受刑人更加壓抑。不僅是【案例❷】的公男，對被害人心懷怨恨與憤怒的受刑人絕非少數，而且不只對被害人，對父母、老師、朋友都可能有如此情感。這些加害人的內心長期以來被負面情感所填滿，劈頭就要求他們思考被害人有多麼痛苦，我認為是強人所難。

實際上，公男與我面談時已經服刑將近十個年頭，這麼多年來，他的內心深處埋藏對被害人、對霸凌自己的同學、對沒有接納自己的母親滿滿的痛苦與憤怒，這些惡劣情緒沒有獲得抒發，更生就不會有所進展，因為這些情緒沒有浮上檯面就不可能獲得新的覺察或價值觀。透過角色書信療法寫下內心的不滿，他才第一次真正面對自己的問題。經過了十年的歲月，終於站上通往更生的起跑線。

而公男寫信給被害人時，是站在「加害人觀點」，是的，不是「被害人觀點」，而是「加害人觀點」，看似繞遠路，其實是通往更生的捷徑。

受刑人無一例外都是在惡劣的環境下成長，包括遭受父母家暴、雙親離異、同學霸凌、生活困頓等，原因不一而足，他們幾乎不曾從父母（或照顧者）身上得到被關愛的體驗，從這個角度來說，他們雖是加害人，某方面也是被害人。當然這不表示他們可以合理殺人或沾染毒品，只是站在協助者的立場，必須讓身為加害人的他們面對也曾是「被害人」的自己。明白這點，便能理解劈頭就要求受刑人同理被害人，只會讓他們更加自我壓抑。

我們只要從「加害人觀點」開始就好，如此就能順利切換到「被害人觀點」。也就是說，要讓受刑人接受被害人觀點，前提是從加害人觀點著手。**而我的「納入被害人觀點的教育」事實上是「納入加害人觀點的教育」**。

課堂上我不會先提到被害人，而是讓受刑人自由談論加害人。具體來說，我會先讓他們讀過前面介紹的「模範悔過書」並請他們自由發表感想，有的人會說「只是表面工夫」，也有人會說「寫得很棒」。

對於「只是表面工夫」的意見，我不會予以否定，而是順著說「大家都是這樣想的吧」，接著提出「這個學生其實也是很認真在寫悔過書」，促使他們深入思考。

接著我會問大家：「這個學生的媽媽每天都在房門外偷看她，爸爸還會對她家暴，她每天抱著什麼樣的心情活著呢？」若有人回答「一定快喘不過氣了」，其他人也跟著附和，我會稱讚他們注意到的點很棒。

我會繼續丟出其他問題：「你們認為這個學生寫了悔過書之後，真的就不會再偷東西了嗎？」「她後來的人生會變得如何呢？」他們可能會表示「應該還是會繼續偷」、「這樣下去問題遲早會爆發」等意見，我會大力誇獎他們，接著反問：**「你們不也是有話說不出口，比誰都還要努力忍耐活到今天的嗎？」**有人光是聽到這句話就能得到重要的覺察。

「光是反省只會壓抑自己，日積月累下總有一天會爆發，犯罪就是其中可能的結果。所以，你們在反省之前，要先思考自己為什麼做出問題行為。」最後我會告訴他們這段話。有些人只是上了區區一堂課，就能洞察過去人生中的問題。

順道說明，對於回答「寫得很棒」的人，我也不會加以否定，而是和他分享自己的內心話：「是啊，事實上我以前在當老師的時候也是這麼想。」接著再將話題帶往與前述相同的方向：「這個學生真的就不會再偷東西了嗎？」如果他回答「對」，我會順著說：「這樣啊，不過你覺得這個學生每天是什麼樣的心情呢？」「她未來的人生會怎麼樣呢？」慢慢引導他認知光反省無法解決問題，甚至可能更加壓抑，最後導致犯罪。

一直以來認為「做錯事就該反省」的受刑人，會從我的引導和說明獲得新的思考方式和觀點，有人曾在課後心得寫到「原來還可以這樣想」。當他們開始對新的思考方式和觀點感興趣，小組討論就會更加活絡，一個覺察會帶來更多新的覺察。

假設全部課程共有七堂課，前半時間我會舉加害人的案例上課，包括吸食毒品、霸凌、虐待、殺人事件，有些會一併介紹加害人的生平，讓他們思考加害人走上犯罪一途肯定有他自己的「理由」。提供各種犯罪案例讓大家自由討論後，他們會在某些案例中看到自己的問題，進而反思。過去認為自己犯罪是因為「不知好歹」、「意志力不夠堅定」的人，也能理解到這樣的想法太過表面，進而開始面對自己的內心。

◆覺察內心的痛苦才能真正開始反省

大多數男性受刑人都是在惡劣的環境下長大，他們缺乏被父母（或照顧者）

好好對待的經驗，從小嘗遍寂寞與壓力，沒有任何人接納自己，只好將受傷的心埋藏在深處，設法活下去。為了戰勝從小就跟著自己的寂寞與壓力，他們的做法是選擇相信**「像個男子漢」**、**「絕對不能輸」**的價值觀，讓自己在別人眼中看起來很強，一旦在別人眼中是個強者，就代表得到認同，藉此慰藉內心對愛的渴求。成為別人眼中的「帥氣男子漢」是一種代償心理，取代一直以來想要被愛卻又無法滿足的渴望。

然而那畢竟只是代償。一直得不到真正想要的愛，他們會變本加厲活得更「像個男人」，而示弱或認輸代表沒辦法得到他人認同（＝愛），所以絕不會向任何人訴苦，也會不擇手段贏過別人，最糟糕的結果就是犯罪。

此外，當遇到被自己崇拜的對象委託，或是被很照顧自己的前輩要求去殺人，他們甚至沒想過要拒絕，因為拒絕或逃避都**「不像個男人」**。他們深怕一旦表現得不像個男人，對方就會離自己遠去。

他們因為害怕孤獨，所以加入群體以尋求安身之處，然而他們加入的群體並非安身之處，充其量只是個聚集地。安身之處是讓人可以「做自己」的地方，能放心展現自己軟弱的一面才是安身之處。他們絕不肯（不會）表現出脆弱面，總是在逞強，總是誇耀自己的強大，藉此與他人連結。用這種方式聚集的場所，絕不可能是讓人安心的場所。

他們也不會講出自己真正的感受，即使內心是如此炙熱地渴望他人的愛，卻沒辦法好好說出**「我想要你愛我」**，因為他們從沒有過可以直接表達「我想要你愛我」的經驗，而做不到這一點的理由，就是父母（或照顧者）沒能接住他們對愛的渴望。

雙親離異又常忙於工作而不在家，也會造成同樣狀況。孩子一個人在家因為孤單寂寞而傷心流淚，家裡卻沒有人能接住他的眼淚，漸漸的，他就不哭（不會哭）了，而且養成**「強者不會輕易落淚」**的價值觀。周圍大人看到這孩子再怎麼痛苦也絕不落淚的堅強模樣，因而誇獎「都不哭真是了不起」，於是更加強化他心中「強者不會輕易落淚」、「像個男子漢」的價值觀。為了展現男子漢的一面，他開始抽菸、打架，一旦他人因此對自己的評價提高，問題行為便一發不可收拾，很快的他會加入幫派。一旦跟著朋友吸食強力膠，最後往往會吸毒，最壞情況就是因吸毒而殺人。

◆哭喊著「爸爸，對不起！」的殺人犯

我有過好幾次與慣性吸毒的殺人犯面談的經驗，其中一位是接近五十歲的男性受刑人。我問他為什麼殺人，他不假思索地說：「因為我吸毒，吸毒這件事我有好好反省，以後絕對不會再碰毒品了。」他當下打從心裡認為殺人理由是吸毒。但是請各位想想看，沒有人會無緣無故吸毒。

我問他為什麼吸毒，他說「因為吸了強力膠」，我又追問為什麼吸強力膠，他說「因為那個時候已經有抽菸的習慣」，就這樣一路往前追溯，他抽菸是因為交了一群壞朋友，而結交壞朋友是因為「遭到霸凌」，過程和公男的案例非常類似。

他說，當他把從父親錢包偷來的錢拿給霸凌的同學後，霸凌就停止了。而他的父親也和公男的母親一樣，沒能接住他遭受霸凌的痛苦，不但毫不關心兒子遇到的困難，還不由分說對他暴力相向，要求他「把從家裡偷走的錢還來」。在那之前他也經常遭受父親家暴，所以這次也一樣，只能默默忍受父親的拳打腳踢。

「如果現在能夠重新回到那個當下，你有沒有什麼話想對父親說呢？」我邊說邊將一把椅子移到他面前，請他想像父親坐在那裡，鼓勵他將當時沒能說出口的話講出來。這是「完形治療」（Gestalt therapy）中的「空椅技術」（Empty chair technique）。

他聽了之後閉上眼睛深思一會，慢慢睜開眼睛，激動地說：「爸，你整天拈花惹草，老是不在家不是嗎？在家的時候也只會喝酒，媽媽每天都在哭，你知道嗎？都是你害這個家變得亂七八糟，我會走偏也是你害的！」

等他心情稍微平復後，我問他現在感覺如何。「我其實很喜歡父親，很希望他疼我，但是我現在做了壞事被關進監獄，覺得自己很丟臉，我好想再跟他多說一點話，爸爸，對不起，爸爸，對不起……」他放聲大哭。

幾天之後，他向我坦言：「上次真的很丟臉，但是不知道為什麼，心裡變得很舒暢，總覺得可以用正向的態度面對人生了。」

講出悲慘過去反而促使受刑人開始思考被害人的例子並不少見，不，幾乎所有受刑人都經歷了這個過程，事實上，這才是通往真正反省的道路。

從犯罪心理思考就能明白這是怎麼回事。為什麼受刑人有辦法做出殺人這種重罪呢？**殺人也可以說是完全無法珍惜他人才做得出來的行爲，而之所以無法珍惜他人，是因爲他們也同樣無法珍惜自己。**無法珍惜自己的人無法珍惜他人，反過來說，能夠珍惜自己的人才懂得珍惜他人。

因此下一步該思考的是，為什麼受刑人會變得無法珍惜自己？因為他們受傷了。有時是對受傷的感覺變得遲鈍，也可以想成是對自己的傷口麻痺，總之都是因為自己受了傷才會傷害他人。

沒有覺察內心的傷痛，就不可能理解被害人的痛苦，而要理解被害人的痛苦，必須先了解自己傷得多深。當他們了解到這點，自然能體會被自己奪去性命的被害人是多麼痛苦，而此時，才算是跨出通往真正反省的第一步。

一位兒時遭受虐待的受刑人對我說：「我是從小在父親的拳頭底下長大的，所以很耐痛。」我告訴他：「你不是耐痛，而是對痛的感覺麻痺了。」他聽了之後恍然大悟。對自己的痛苦很遲鈍的人無法理解被害人的痛苦，唯有讓他先理解自己內心的傷痛並且發洩出來，才能發自內心理解被害人的痛楚，順序反了就沒有效果。

因此，順著受刑人的話往前追溯是必要過程，究竟他是從哪個時間點開始感到寂寞悲傷？又是如何將那些感受封印在心頭？由於必須回顧過往，對當事人來說非常痛苦，但卻是通往更生的必經道路，也正因為路途險峻，單靠一己之力是走不下去的，需要協助者在一旁陪伴，才能第一次與內心的創傷面對面。**當受刑人將內心的傷痛喊了出來，協助者也確實接住了他的情緒，他心中的傷口才能癒合並成爲被關愛的體驗。**缺乏關愛體驗的受刑人感受到協助者的關愛後，才能面對自己犯下的罪，因此協助者是不可或缺的角色，過去的傷痛必須有人陪他一起面對。

發生問題行為立刻要求當事人反省只是緣木求魚，真正的反省是當他把堆積在內心深處的孤單、悲傷、痛苦全部發洩出來之後，發洩完自然會萌生反省的念頭，內心的痛苦一吐為快後所寫下的悔過書才不會只是表面工夫，而是發自內心的真誠道歉。身為協助者，不論面對的是非行少年或受刑人，只要是發生問題行為的人都不應該直接要求他反省，而是陪他一起探究走上犯罪的原因，用這種態度才能真正幫助他重新站起來。

◆什麼是「真正的反省」

讓我整理一下目前為止的內容。讓受刑人檢視自己犯罪的原點是反省的第一步，而步上犯罪的過程中，他的內心有許多根深柢固的偏頗觀念與後來的犯罪行為有關。例如在父親家暴下成長的人可能會習慣以暴制暴；遭到雙親拋棄，在育幼院長大的人，為了獲得他人認同可能會建立起「像個男子漢」、「不向人訴苦」的價值觀；在極度貧困的環境下好不容易活下來的人，生活經驗告訴他「先下手為強，後下手遭殃」，使他變得為達目的不擇手段，也會養成「弱肉強食」的價值觀。

另一方面，在富足家庭成長的人也未必就不會犯罪，有些人即使物質上獲得滿足，卻一直得不到真正想要的東西，也就是父母溫暖的愛。這樣的人內心充滿了對愛的渴望，卻無法直接表達出來，於是轉向物質也就是酒精或毒品尋求慰藉也不在少數，有些人甚至因為喝酒或吸毒最後走上殺人一途。

受刑人走上犯罪的背後都有著上述偏頗的價值觀，而這些價值觀的養成與從小到大各種不如意的生活環境所累積的孤單、痛苦、壓力息息相關，因此有必要讓他們先理解心中的價值觀是如何形成。而面對內心就意味著檢視過去，如此才能理解內心的問題，進而釐清犯罪的真正原因，光是一再道歉是沒有用的。

了解自己後，受刑人會發現內心藏著許多負面情緒，引導他們做到真正反省前，必須先將這些情緒發洩出來，但這對他們來說非常痛苦。說實在的，事到如今還要處理「自己」根本不想面對的傷痛，不論誰都會想逃避，然而這是讓他們理解「他人」傷痛的必經道路，所以協助者的陪伴很重要，正因為有協助者在背後支撐，他們才能鼓起勇氣面對。當他們發洩完負面情緒，理解到「自己內心的傷痛」，自然能體會被自己奪走生命的「被害人內心的傷痛」，而從這一刻開始，才有能力站上通往「真正反省」的起點。

真正的反省不是被動的反省，而是面對自己的內心後，打從心底覺得「我真的做錯事了」，從內心深處自然湧現出罪惡感。按照這個想法，真正的反省是好好面對內心後萌生的歉意，反省是最後的結果，而這才是通往「真正更生」之路的起跑點。

然而很遺憾的是，並非每位受刑人都能經歷這個過程，尤其為數不少的人會抗拒傾訴負面情感。我每年基本上負責為五名受刑人進行改善指導，其中會有兩、三名沒辦法引導他們抒發負面情緒，那麼他們是否就無法做到真正的反省呢？其實不能這麼斷言。

前面我提過絕大多數受刑人都不想接受改善指導，但令人開心的是，上過我的課的每個人在課後心得都給出正面回覆，例如「上課時間太短了」、「好想要繼續上課」、「希望其他人也能上這堂課」，我不是要自吹自擂，而是這些感想都有一個共通點——與同伴互相分享內心話的喜悅。

即使最後並非每個人都能吐露內心傷痛，但更重要的是，他們透過課程內容理解到**「人必須互相依賴才能活下去」**的道理。不論過去的自己多麼愛逞強、打腫臉充胖子，或打從心底認為有苦就該往肚子裡吞，但是透過課堂上與同伴交流過去的人生觀，每位受刑人都能開始洞察自己的問題點，逐漸接受「真實的自己」、「對人訴苦的自己」。當然能傾訴負面情緒的人的體悟可能比較深，但我認為只要想法或價值觀有所轉變，就稱得上達成最基本的任務了。

◆受刑人活下去的意義

受刑人出獄後絕對不能做的事就是「再犯」。為了防止再犯，比起要求他們信誓旦旦發誓「我絕不再犯」，更重要的是學會如何與他人互相依賴（當然下定決心也是必要的），光是這點就能讓再犯機率大幅降低。

受刑人若懂得依賴他人，就能覺察「人」存在的重要性，也才能體會被自己殺害的被害人的「生命重量」，出獄後自然會有更深的罪惡感。換句話說，真正通往更生的道路並不是在監獄裡乖乖執行監獄作業，而是出獄後才要展開（當然以接受社會性懲罰的意義來說，監獄作業是必要的）。

以吸食毒品的受刑人為例，所謂更生不是「戒掉」毒品，而是「永遠戒掉」毒品，因為戒掉的狀態如果不能持續到死掉的那天，就不算是真正的更生。犯下殺人罪也一樣，被害人不可能原諒加害人，偶爾會有被害人家屬原諒加害人的案例，但是加害人一定等不到被害人原諒自己的一天，畢竟被害人已經不在人世，因此出獄後必須將一輩子得不到被害人的原諒銘記在心，繼續活下去。

為了讓受刑人成功更生，我認為他們必須與人建立幸福的關係，甚至可以說變得幸福是他們的責任與義務。我彷彿已經聽到有人說：「殺了人還有資格談『幸福』？成何體統！」但幸福和更生是有關聯的。

唯有與他人建立幸福的關係，才能深刻感受到「人」的重要性，而感受到人的重要性，才能連結到被害人被自己剝奪生命的痛苦。諷刺的是，**當他們感受到的幸福愈強烈，痛苦也會愈強烈，在兩種矛盾情感下度過一生，那種痛苦與艱辛是超乎想像的懲罰。**我認為的更生就是承受著幸福與痛苦，永遠無法忘記「絕不原諒自己的被害人」直到嚥下最後一口氣，所以真正的更生是沒有終點的。

有些人認為斷送他人寶貴性命的罪犯沒有存活價值，也不需要更生，我能理解這些人站在被害人立場而如此認為。然而，殺人犯真的沒有活下去的價值嗎？步上真正的更生，代表背負著幸福與痛苦兩種矛盾情感，並且體悟到何謂生命的重量，從這點來看他們才是能講述生命重量的人也不一定。

現在的日本，每年有超過三萬人親手葬送自己的生命，對於生命重量的體認恐怕是愈來愈薄弱。雖然我不知道受刑人出獄後過著什麼樣的生活，但是衷心希望他們能成為協助者的角色，任何形式都好，例如身邊有人過得很痛苦，希望他們能成為他人的力量，成為拯救生命的人，說不定正因為能發自內心了解生命的重量，才幫得上忙。而透過協助拯救別人的生命，也能感受到自己活下去的意義：「原來有人需要我，我是有資格活下去的。」

諷刺的是，儘管感受到自己活著的價值與幫助他人帶來的喜悅，卻也更深刻體會到剝奪他人生命的行為是多麼罪孽深重，被害人在自己心中的分量也不斷提高，因此活得更痛苦。我們必須要求他們承受那些痛苦，唯有如此，他們才能真正成為有存活價值的人。

◆對監獄刑罰的建言

在現今的監獄體制，受刑人出獄後無法與人建立良好的人際關係，因為所受的教育裡沒有人教導他們該怎麼做，就如我在前面篇幅多次提到，他們學會的是自我壓抑、乖乖服刑。雖然我每年都會提供改善指導的課程，但也不過五名受刑人可以來上課，加上個別面談最多只有二十名左右，即使再加上其他接受藥癮戒治指導、黑幫脫離指導等受刑人也還是少數，大多數人都沒有接受任何教育就出獄了。

一直以來只能自我壓抑、凡事小心翼翼的受刑人，進到監獄這個更為壓抑的環境，反而促使他們學會了「一個人活下去的技術」，如此是不可能和人相處得好的。

曾上過我的課的受刑人說：「在課堂上跟其他人互相說出內心話後，有一次回到（監獄作業的）工廠，一不小心就聊了起來，差點要受罰，這個轉換好困難。」好不容易在課堂上學會好好表達自己，明明才剛開始體會到講真話的重要性，然而回到日常的監獄作業又被迫過著自我壓抑的日子，豈不是又打回原形了嗎？應該多讓他們練習表達真實的自己才對，但現實總是無法盡如人意。

美達大和在《死刑絕對肯定論：無期徒刑受刑人的主張》（二〇一〇年 新潮社）一書提出一項建議：讓受刑人寫「長篇報告」，題目包括受刑人的出身到犯案為止的人生，針對被害人的題目則有「如果我是被害人」、「我該如何補償、道歉」等，並且「每三年進行審查與評分，死刑者可據此決定是否給予緩刑，有期徒刑者則依此作為判斷刑期上限及下限的依據」。簡單來說，美達希望透過徹底執行書寫達到內省，並且依據反省程度決定是否提早假釋或延長刑期；反之，拒絕寫報告，堅決不反省者處以死刑或終身監禁。

看了美達的提案，我覺得很有趣，但恐怕難以執行，最大問題是讀了這些反省報告後，要由誰來下判斷？再者，我認為光靠報告內容就斷定是否做到內省極為困難。此外，各監獄會有不同判斷標準也是一個問題，況且每個人的家庭環境和犯案經過因人而異，書寫題目也應該量身訂做才是。

最重要的是缺乏協助者從旁協助。協助者的支援對受刑人是不可或缺的，沒有協助者的力量，光是按照主題寫報告沒辦法碰觸到內心，而做不到這點就不可能真正反省。

老實說，將寫反省報告當作縮短刑期的誘因我也不能苟同，可以猜想一定有受刑人為了縮短刑期拚死拚活地寫，而這一切只是為了得到指導者的正面評價。將是否反省與能否縮短刑期綁在一起，感覺怪怪的。

我認為由受刑人自動自發地反省才有意義，而犯罪事實不會因為是否反省而消失，所以也沒必要因為有人深自反省就調整刑期，重點是協助者該如何引導他們產生真正反省的意願。而若能做到真正的反省，他們應該會接受自己的刑期才是。

針對刑罰方式，我同意美達提議應該從受刑人的出身到犯案為止的人生進行內省，這是為了理解內心出了什麼問題、為什麼走上犯罪所必須的。不過關於書寫步驟，我的想法和美達大相逕庭。

我建議一開始的書寫題目是**「我寫給添我麻煩的人」**，具體寫下與那個跟自己關係密切的人之間究竟發生什麼事，他又帶給自己什麼樣的困擾，愈詳盡愈好。這種對象通常包括曾經背叛自己的人、老師、朋友、兄弟姊妹、父母（照顧者）。之所以有老師是因為不少受刑人都曾因老師的不當言行感到受傷；朋友則是預設他們曾經遭受霸凌或交到壞朋友；也有不少人從小被拿來和手足做比較；其他對象還有被害人、共犯、法官、律師等，因人而異。總之先將書寫對象列舉出來，當事人再自行決定要先寫給哪個對象。

書寫方式採用角色書信療法，並且建議受刑人盡量寫下負面感受。一般來說，寫完後應該進行個別面談，但是考量到協助者人手不足可能無法一一面談，那麼至少要「回信」，例如「寫得很好，繼續這樣把心情整理整理吧」、「看得出來你累積了很多不舒服的感受」，對於他願意在信中寫下滿滿的負面情緒予以鼓勵與包容。

這個方式進行到最後一定會碰觸到與父母（照顧者）的關係，這時再出一道題目：**「小時候的我寫給父親（母親或照顧者）」**。要寫下這封信對受刑人來說是一道難關。假設父親帶給他的印象是小時候對自己暴力相向，可能會想到父親現在年老力衰（也可能已經過世），覺得「現在寫這個有什麼用」。然而小時候被打所留下的創傷其實沒有癒合，憤怒、憎恨都還留在內心深處，只要跨越這道關卡，將憤恨徹底發洩出來，就能多少掌握自己內心的問題。

此外，進行角色書信療法不單單只是寫信，一定要再寫下「寫完後的感想」、「寫的時候有什麼感覺」、「透過書寫發現了什麼」，藉此釐清是否將負面情感全部發洩出來，或是有什麼樣的覺察。如果有所覺察，要再給予量身訂做的題目深入探討。假設受刑人發現「父親小時候被祖父打得很慘」、「父親打我其實並不是因為討厭我」，那麼再請他以「父親與祖父的關係」為題寫一篇作文，或是以角色書信療法寫一封「父親寫給祖父」的信，如此不斷往前追溯，他會發現自己的問題其實是代間傳遞的結果。這種引導目的是透過不同課題提升受刑人的自我理解，進而了解犯罪的原因。

下一步是請受刑人以**「我爲什麼無法做自己（爲什麼變得無法好好依賴他人）」**為題，釐清為何在父母（照顧者）面前必須隱藏真實的自己，接著從希望父母如何對待自己的角度寫下**「我寫給父親（母親或照顧者）」**的信。當面對討厭的父母（照顧者）能寫出「我好希望你們愛我」、「其實我好想跟你們撒嬌」，就表示他已經展現出真實的自己，也會發自內心想到被害人。就如前述，透過覺察「自己內心的痛苦」，推己及人想到「他人（＝被害人）內心的痛苦」，來到這一步就能開始反省自己所犯下的罪。

最後再出一道題目**「為什麼當時的我非犯案不可」**，藉由書寫事件原委將心情梳理一遍，接著再讓他寫一封**「我寫給被害人」**的信，而且內容不單單只是道歉，更要從「今後該如何活下去」出發，包括打算如何過日子、對被害人的想法，針對監獄裡的生活、出獄後的日子與被害人進行對話。無須急著要求他寫完，可以等他整理好心情再寫，要寫幾封都可以，寫到他覺得夠了為止。能寫到這一步的受刑人，應該算得上開啟真正反省的第一步了。

如果想讓受刑人進一步同理被害人，可以讓他閱讀被害人的手記、觀看影片，更深入體會被害人和其家屬的痛苦。美達建議的主題「如果我是被害人」、

「我該如何補償、道歉」在此時進行應該就能收到效果。

上述是基本步驟，但就像我說的，受刑人的問題各不相同，實際動筆寫了之後所產生的心理變化也因人而異，協助者必須懂得彈性應變，視情況給予不同題目讓他書寫。過於強調某種形式是很危險的，當然也會發生進行到一半卻寫不下去的問題，協助者必須有能力辨別該給予什麼書寫題目協助他整理心情，也可以透過面談的方式，不必勉強他一定得寫。

除了上述做法，我還是希望能同步進行每週一次、每次一至兩小時的小組談話時間，讓幾位受刑人聚在一起自由交流，而且最好不限次數、長期進行，當然需要協助者在旁陪同，只靠受刑人自己是不行的。談話主題由協助者自由決定，例如已經進行角色書信療法的人，可以請他聊聊書寫時的感受，而抗拒接受角色書信療法的人，聽到有人因為寫信而產生心境上的轉變，或許會萌發試著寫寫看的念頭。

此外，當受刑人能在其他人面前揭露自己所犯下的罪和過去的人生，不僅自己會產生巨大轉變，傾聽的人也會變得願意開口，進而使彼此關係更加緊密。毫無隱瞞講述過去的孤單與痛苦，很自然會因為情緒上來而落淚，能夠做到在其他成員面前展現自己最真實的模樣，內心會產生劇烈變化。過去的他們只知道要逞強，第一次在外人面前毫無保留展現軟弱的一面，是前所未有的體驗，而且說出來後沒有人否定自己，還會得到接納。當看到眼前的受刑人有如此巨大轉變，其他人也會想要改變，很自然的，他們之間就形成相互扶持的關係，而協助者要做的只有靜靜守護而已。像這樣，透過書寫進行內省後再分享給其他同伴，所帶來的效果是加倍的。

以上是粗略寫下我對刑罰的建議，但我不認為這個方法會馬上被採納，因為獄方最不樂見的是監獄內部發生任何無法預料的意外，自然會排斥提供受刑人自由交談的時間和場所。不過，只要獄方能轉換觀念，願意真正協助受刑人更生，體制上產生相應變動也不無可能。要獄方調整管理與維持秩序的體制，導入以自由與關懷出發的觀點絕非易事，但只要跳脫出一味防止意外事故發生的思考框架，就有可能實現。

現實中，國外真的有重視自由與關懷的監獄，由最具代表性的美國非營利組織Amity提供協助（Amity Foundation：，二〇〇二年　坂上香、向Amity學習小組編《Amity挑戰「零暴力」：受傷的自己與情感素養》日本評論社），而日本的PFI監獄（Private Finance Initiative：，政府與民間共同合作營運的監獄）也逐步導入Amity的做法。

我的理想是，在監獄建立「讓之前的受刑人協助現在的受刑人」的機制，就像Amity正在做的那樣，讓已經出獄的受刑人以協助者的角色幫助正在服刑的受刑人。當然這個做法不會一開始就很順利，需要外部協助者參與其中，慢慢將這個體制建立起來。如果成功了，我相信一定能大幅減少再犯率，不過前提是要有足夠的協助者，更重要的是矯正機關的每一位職員都必須改變想法。此外，正因為社會價值觀普遍認為做壞事就該反省，身為社會上一分子的我們也必須調整觀念。

◆酒井法子的《贖罪》

本章一開始，我提到「贖罪」一詞。曾因違反《覺醒劑取締法》遭到逮捕的女演員酒井法子為了表達對自己犯下過錯的歉意，出版了一本書，書名就叫《贖罪》（二〇一〇年　朝日新聞出版）。我對內容很有興趣也讀了這本書，書裡談到她的成長歷程到事件發生的原委，對自己犯下的罪過誠摯道歉並表示反省。開頭一段文字表明了她的想法，我引用如下：

我至今曾沾染毒品十幾次，即使內心感到厭惡，但就這麼錯下去直到被逮捕。我明知這是不該碰的東西，卻無法停止自己這麼做，身爲公衆人物也已經是個成年人，居然做出如此無知的行爲，我深切反省。

是不是很像我說的「模範悔過書」呢？我看不出來她是否真正面對自己的問題，這麼說或許有點失禮，這本書的內容太過表面，距離書名《贖罪》還有一大段距離。

酒井小姐交保後在道歉記者會的發言如下，內容與該書大同小異：

我作爲社會人士、身爲一個人，①因爲我太軟弱，碰了絕不該碰的毒品，驚擾了社會大衆，給身邊的人添了許多麻煩。

一直以來在背後支持我、鼓勵我的朋友們，讓你們失望了，我不負責任的行爲讓你們感到心碎，想到這裡我不知該如何表達才好……我知道我做了不可原諒的事。

接下來我會設法彌補自己的罪，②首先要徹底悔過，這輩子絕對不會再做出同樣的事，在此向各位發誓。

我知道因爲自己犯下的錯誤，失去了各位對我的信任，也知道這份信任沒有那麼容易修復，爲此我沒有一天不感到後悔。③我會改掉自己軟弱的個性，絕不犯下無法挽回的過錯，並且深自反省。我會用重獲新生的態度改過自新，每天好好努力。

然後，我要誠心向時時刻刻支持我、給予我溫暖的朋友們致謝，我絕對不會再做出這種事，辜負大家的信任。

我會把現在這份感受牢記在心，好好回報大家對我的好。

未來有做不好的地方也請大家鞭策我，我會虛心接受，從零出發。

對於一直以來支持我的國內外歌迷、曾經照顧我的每一家公司，以及陪在我身邊的同仁，我眞的感到非常非常抱歉（底線和數字爲筆者標記）。

（二〇〇九年九月十八日《體育日本》）

關於這份道歉內容有很多流言，有人臆測是公司幫她寫好的，我也理解這點。整份內容可以看出她只是不斷表示會好好反省，底線①和③說明吸毒理由是「太軟弱」，底線②則發誓絕不再犯，完全體現了本書所闡明的反省會帶來的問題。

協助毒癮戒斷的民間非營利組織——日本DARC（Drug Addiction Rehabilitation Center）創辦人近藤恒夫針對這場記者會表示：

想要和毒品斷絕關係，不是反省自己太軟弱，而是要更了解自己，如果覺得自己軟弱，那就再深入挖掘爲什麼自己這麼軟弱。會接觸毒品的人都是因爲內心有傷，所以要去了解自己受的究竟是什麼傷。

（二〇〇九年《看守所的蒲公英：毒癮者的重生之道》雙葉社）

近藤也曾因吸毒入監服刑，出獄後在全國各地成立更生機構協助他人，他從自身經驗出發所說的這段話值得深思，而我當然是同意他的看法。

從《贖罪》可以清楚了解酒井法子的成長背景十分坎坷，雙親離異，繼母管教非常嚴厲，使她不懂得如何向大人撒嬌，在如此嚴苛的環境下，她比別人努力了好幾倍才進入演藝圈，之後大受歡迎，至少從書中我感覺不到她是性格軟弱的人。她應該好好面對的是自我壓抑、拚命努力的自己承受了多少壓力，內心又是多麼孤單痛苦。我再重複一次，反省並非贖罪的開始，面對自己的內心才是。或許是我多管閒事，不過衷心期盼已經復出演藝圈的酒井小姐能覺察這點。

◆受刑人的問題並非與我們毫不相干

我在這一章主要談的是受刑人的問題，但受刑人的問題和我們的內心問題並非毫不相干。受刑人因為反覆壓抑與忍耐，最後爆發出來，導致犯案；而我們即使不到爆發的程度，何嘗不也是過著壓抑與忍耐的生活呢？又或者我們是否打從心裡認為忍耐是一種美德、凡事靠自己才是正確價值觀呢？事實上，這些看似理所當然的觀念，有時正是造成我們活得如此辛苦的原因，下一章會繼續討論這件事。

● 6　日文為「生命犯」，指的是殺人、傷害等侵害他人生命、身體法益之犯罪行為。
● 7　**刑事設施**　相當臺灣的矯正機關，包含監獄、矯正學校、看守所等。
● 8　**法務省**　相當於臺灣的法務部。
● 9　**《犯罪白書》**　日本法務省每年出版的報告書，內容為犯罪趨勢與罪犯處遇。
● 10　**法務教官**　隸屬法務省矯正局（各矯正機構之最高監督機關），任職於少年院與少年鑑別所，負責矯正司法少年，類似臺灣矯正學校的訓導員。
● 11　**教育專門官**　在少年院負責教化工作的法務教官累積年資升等後成為教育專門官，得轉任監獄系統任職，類似臺灣監獄系統的教誨師。
● 12　**身調法**　日文為「身調べ」，指修行者透過閉關、不吃不喝不睡的方式徹底自我反省、了解真實的自己，以求悟道。

第4章

努力「管教」會教出罪犯

你以為的反省，只會讓人變得更壞

Chapter 4

頑張る「しつけ」が犯罪者をつくる

反省させると犯罪者になります

◆良好的教養會讓人活得很辛苦

我問學生關於他們的未來人生規畫時，多數男同學都表示想找個穩定的工作，三十歲左右結婚，之後生兩個小孩；女同學也一樣，很少人選擇只工作不結婚，多數人都回答找工作然後結婚生子，而有了小孩後有人想當家庭主婦，有人想回到職場，答案不盡相同，但是每個人都異口同聲表示「會當個好爸爸、好媽媽，全心全意努力教育小孩」。在少子化的年代能夠聽到孩子們這麼說，我感到欣慰之至。不過，我卻不禁開始思考，他們認為的「努力」究竟是什麼呢？

努力教育小孩通常意味著教出「好孩子」，而大多數人聯想到的好孩子特質不外乎是**「很能忍耐」**、**「默默努力」**、**「不輕易喊苦」**、**「不給人添麻煩」**，畢竟現在的年輕人當中很多人都是從小接受這樣的教育長大，也會如此教育自己的小孩。

要在社會上生存，「很能忍耐」、「默默努力」、「不輕易喊苦」、「不給人添麻煩」確實是必要的，可說是不容置疑的「正確觀念」。然而，應該很少人覺察到這些觀念某種程度上是造成孩子（大人也是）活得很辛苦的原因。

「很能忍耐」換個角度看，意味著不隨意展露自己的情緒，讓壓力不斷在心裡累積，直到有一天爆發出來（犯罪或罹患精神疾病）。

「很能忍耐」也代表不會隨意依賴別人，同時也有「默默努力」、「不輕易喊苦」、「不給人添麻煩」的意思。然而，養成「很能忍耐」個性的人，其實難以和他人建立良好的人際關係。我們很常讚賞獨立自主、一個人認真努力，也不隨意抱怨的人，但事實上很多罪犯都是這麼活著的。他們一直在勉強自己（逞強），明明心裡孤單痛苦，但覺得講出來「很丟臉」、「很窩囊」，所以選擇逞強。會犯罪的人都想表現強悍的一面來得到他人肯定，也認為不該展現軟弱的一面，因為只要展現出脆弱面，別人就會離自己遠去，內心時時刻刻充滿了被拋棄的恐懼，孤單或者說不被愛，是他們最害怕的事情。從這個角度來看，會犯罪的人和我們一般人的價值觀其實沒有太大差異，只是養成背景和表達方式不同而已。

人類是軟弱的生物，為了生存才更需要互相扶持，但是對於那些不善表達的人而言，依賴別人是件苦差事。當一個人無法依賴他人，就容易依賴物質，也就是成癮。正常來說，透過依賴他人獲得內心滿足後，心靈會變健康；反之，無法依賴他人的人則用物質填補內心的空缺。一位吸食安非他命的受刑人曾經親口對我說：**「人會離開我，但是毒品不會。」**這是遭受過背叛的人經常說的話。

但是，物質畢竟只是物質，人的心靈不可能完全獲得滿足，明知如此卻仍然使用物質填滿心靈的結果，就是反被物質吞噬。不論酒精、賭博、性，乃至大麻、安非他命等違法藥物，被這些東西吞噬的背後都有著無法好好依賴他人的過去。

之所以無法依賴他人，每個人都有各自的成因，其中一個是從小被教成

「好孩子」。「很能忍耐」、「默默努力」、「不輕易喊苦」、「不給人添麻煩」的個性常被認為很了不起，但卻也是阻礙與人建立關係的因子。明明從小接受了父母良好的教養，長大後卻無法和人建立良好的人際關係，因而活得很辛苦，其背後原因可能是受到這些觀念的影響。

此外，也要注意家中排行，我指的是老大。

第一個小孩的養育過程對父母來說是初體驗，很容易太過認真，想著「這孩子是長男（長女），得好好教成有用的人才行」，因而努力不懈，可能造成管教太過嚴厲。等到弟弟或妹妹出生，又告訴老大「要當弟弟妹妹的好榜樣」，對小的很溫柔，對長男（長女）卻格外嚴厲。身為老大的孩子一路都要背負著沉重的「包袱」。

背著沉重包袱走太久，遲早會喘不過氣，結果可能是拒絕上學、繭居在家、誤入歧途。對父母來說，明明用盡全力教育孩子，卻得到與期待完全相反的結果，而這一切都是父母自己造成的。

◆教養是導致霸凌的原因之一

新聞媒體上幾乎天天都出現因霸凌而自殺或引發暴力事件的報導，看到那些網路上的霸凌影片，讓人感到現今的霸凌已經超越了「霸凌」的層次，說是犯罪行為也不為過。

霸凌的成因很難用一句話帶過，但不容忽視的是，產生霸凌的背景因素與你我被灌輸的「正確價值觀」息息相關，也就是前述提到的「很能忍耐」、「默默努力」、「不輕易喊苦」、「不給人添麻煩」等等，這些觀念正是導致霸凌的原因之一。

舉例來說，被灌輸「要忍耐」的人，看到「不忍耐」的人就會覺得這種人不可原諒；被灌輸「一個人認真努力很重要」的人，看到「無法獨立作業，總是半途而廢」或「動不動就要別人幫忙」的人就會覺得很煩躁；總是被大人教導「不能輕易喊苦」的人，遇到「動不動就哭哭啼啼」的人會覺得實在看不下去；把「不能給人添麻煩」視為理所當然的人，見到「完全不介意帶給別人麻煩（＝可以欣然接受他人好意）」的人就會一肚子火。之所以因為對方的行為感到不快，其原因來自深植於內心的價值觀。

內心被灌輸的「正確價值觀」愈多，就愈容易對別人的言行舉止「看不下去」，如此一來，不但無法和人好好相處，甚至可能演變成霸凌別人，而最糟的結果就是因霸凌產生犯罪。

說到霸凌，雖然政府和學校都有許多反霸凌政策，但是霸凌導致的自殺案件從過去到現在都未曾停止，而經常被指出的問題點是，遭受霸凌的孩子都不敢和身邊的大人說，尤其是父母。

我問過我研究室的大學生：「如果你們在國中或高中被同學霸凌，回家會告訴爸媽嗎？」大多數學生都回答「不會」，理由包括「因為很丟臉」、「因為不想看到父母傷心難過的樣子」、「不想給爸媽添麻煩」、「說不上來為什麼，但就是不會講」等等。

為什麼這麼嚴重的問題，孩子都無法對父母說出口呢？有人指出問題出在日本的親子溝通比其他國家少，我不認為是這樣，應該和我前面提到的價值觀有關——因為孩子接受了父母「良好的教養」，覺得被霸凌「很丟臉」、「不能給爸媽添麻煩」。或許部分原因確實是溝通不足，但不是關鍵因素，最重要的是孩子被灌輸許多理所當然的價值觀，不由自主認為被霸凌的自己是「軟弱的」。

我們必須覺察心中存在著哪些價值觀，其中一個方法是注意自己會因為別人的哪些言行舉止感到不快或嫉妒。舉例來說，如果你是男生，當看到別的男生表現出大男人的態度時，雖然嘴巴上說「好厲害」，但心裡其實感到不太舒服，那麼你的內心可能有著「像個男子漢」的價值觀。假設妳是女生，當看到別的女生待人溫和友善，妳表面上稱讚她「好溫柔」，但內心其實感到嫉妒，那麼妳可能是用「女生就是要溫柔婉約」的觀念嚴格要求自己。也就是說，我們之所以對他人的言行舉止感到不舒服，可能是因為心中根深柢固的觀念在作祟。

當你能覺察到阻礙自己與他人建立良好人際關係的價值觀，這個時候最重要的是請先肯定自己至少能做到覺察，畢竟這些想法和觀念長期灌輸到我們腦中，要立刻改變或停止是不可能的。重點是不斷覺察，做到覺察就可以經常用客觀角度看待自己的感受，慢慢開始有所改變。而此時，如果你腦中出現「有錯就要立刻改掉」的想法，可能就是被灌輸了「不准出錯」的價值觀。

◆用「尾木媽媽」的方式不會減少霸凌

有人說「霸凌是教室裡的疾病」，它不只包括加害人與被害人，還有在一旁圍觀鼓譟的觀眾，更包括外圍的旁觀者，這稱為「霸凌的四層結構」（一九八六年森田洋司、清永賢二《霸凌：教室內的疾病》金子書房）。因此，要處理霸凌，必須從整個校園著手。

請各位回想自己的國高中時期，應該都曾在早自習或倫理課學過霸凌相關課程吧？這種反霸凌教育都有個共通的固定模式——先讓學生站在「被霸凌者」的角度思考。

舉例來說，經常出現在媒體上，暱稱是「尾木媽媽」的教育評論家尾木直樹曾在著作《預防霸凌的實踐課程：給每位老師的方針》（一九九七年　學陽書房）中提到，為了預防霸凌，事前指導絕對有其必要，因為等到問題發生後才處理就太遲了。關於事前指導的目標，尾木指出：「要讓校園裡的孩子更加理解什麼是霸凌，包括霸凌現況與結構、加害人與被害人的內心傷痛，讓每個孩子都能體會霸凌究竟是怎麼一回事，進而理解霸凌是多麼不人道且殘酷的行為。」使用教材則包括一九九四年十一月因遭受霸凌而自殺身亡的大河內清輝同學的遺書、曾經長期受到霸凌的土屋怜所寫的《我的被霸凌日記：老師別太過分了！》（一九九三年　青弓社）、週刊少年JUMP編輯部編纂的《JUMP霸凌報告：一千八百則的內心吶喊》（一九九五年　集英社）。

我之所以介紹尾木的課程內容並沒有什麼特別理由，事實上，這些霸凌相關書籍的論點幾乎大同小異，一致認為要徹底教導孩子體會「被霸凌的孩子」的感受。各位發現了嗎？以尾木為首的反霸凌教育與監獄對受刑人進行的「納入被害人觀點的教育」，兩者是同樣套路。反霸凌相關教材選用了飽受霸凌之苦而自殺的孩子的遺書、被霸凌的孩子的日記，藉此讓學生理解霸凌的非人道與殘酷，透過理解被害人的心情，進而認知到霸凌是最差勁的行為，是作為一個人絕不可有的行為。

我想幾乎所有人或多或少曾經上過類似課程，而且幾乎所有人對這些課程的印象僅止於「說起來我好像有上過」的程度而已，對吧？至少我所認識的學生裡，沒有人在國高中時期上過反霸凌課程後覺得「好有共鳴」。

可以理解這種反霸凌教育是為了讓學生透過換位思考理解霸凌的嚴重與殘酷，然而照本宣科講述「霸凌是壞事，我們要停止霸凌」的課程，是無法帶給學生任何啟發的。我認為其背後出發點是教育方認為「霸凌是壞事，所以霸凌者必須反省」，高喊霸凌別人的人是壞人，被霸凌的人很可憐，所以我們不可以霸凌別人，大家鼓掌通過！這種大拜拜式的做法或許短期間能看見效果，但深層的問題卻絲毫沒有獲得解決。

另一種情況是在家裡遭受父母虐待或不當管教的孩子，要求這樣的孩子思考被霸凌者的感受，難道不是讓他更痛苦嗎？他的內心長期糾結著各種負面情緒，隨時都在尋找得以發洩的出口，有些情況下就會演變成霸凌。要這樣的孩子同理被霸凌者，只會讓他更加壓抑，導致爆發更嚴重的問題行為，這是我最擔心的。而他真正需要的不是思考被霸凌者的感受，而是說出（發洩）父母帶給他的「受害」經驗。

◆反霸凌教育要從站在霸凌者的角度思考

我要提出一些建議，正如我對受刑人進行的納入「被害人觀點」教育其實是納入「加害人觀點」教育，反霸凌教育也該從「加害人觀點」著手，讓學生了解「霸凌的孩子心理」，而不是「被霸凌的孩子心理」。

當然，霸凌是絕對不應該的，但是霸凌的發生，霸凌者一定有他自己的「理由」。我這麼說並不表示被霸凌者自己有問題，而是若不了解霸凌者的真正理由，就無法碰觸到問題核心。只是單方面思考被霸凌者的感受，也會剝奪孩子思考為什麼想霸凌別人的機會。

因此，要讓學生同理被害人之前，必須先和他們談論加害人，讓他們討論為什麼想霸凌別人，可以提供霸凌者所寫的文章或描寫霸凌者的影片讓他們思考，例如JUMP編輯部的《JUMP霸凌報告》就描寫了霸凌者心理，以下引用其中幾個案例：

⑴ 十四歲，女生

我一直都是霸凌別人的人，主要是精神霸凌。

一開始是針對社團裡的T同學。T就是那種八面玲瓏的人，在學校裡也很出風頭。我剛開始沒特別覺得她很討厭，但是時間一久，不知道爲什麼就變得愈來愈討厭她……我在女社員中算是核心人物，久而久之，我刻意冷落T的態度慢慢擴散，其他同學、學長姐也變得跟我一樣不理她。不久之後T就退出社團了。

下一個被我霸凌的是同社團的I同學。我們欺負I的理由其實很簡單，因爲她和T很好，而且她們明明很要好，I卻會跑來跟我們說T的壞話。她就是那種見人說人話、見鬼說鬼話的女生。後來I也在我們的刻意孤立下退社了。

除了她們兩個之外，我精神霸凌的對象還有其他幾個同學。我在霸凌別人的時候並不會特別感到「很抱歉」，但也不會覺得「很有趣」。不過，我們這個年齡的孩子真的有笑著傷害人的能力，心裡某部分是允許這種事情發生的，我不知道該怎麼形容。

從這個例子可以看出霸凌者對T同學的「八面玲瓏」、「出風頭」感到厭惡，而對I同學「見人說人話、見鬼說鬼話」的行為看不下去，簡單來說，她很嫉妒容易和別人處得很好的人。

讓學生閱讀這些文章後，可以從不同角度拋出提問，例如：「各位讀了有什麼感想？」「你們覺得為什麼她會霸凌別人？」「有沒有人跟她有同樣的心情？」接著請學生自由表達意見（＝心聲）。

這個例子中的霸凌者之所以忌妒容易和別人處得很好的人，進而出手霸凌對方，其背後有著無法與人建立穩固連結的恐懼。這樣的孩子會因為愈是意識到

「不能被討厭」，而愈是時時刻刻在意他人眼光，感到惴惴不安。簡單來說，她其實也想成為「八面玲瓏」而且「出風頭」的存在，用一句話來說就是「想被關注＝被愛」。課堂上若能釐清這點就算成功了。

老師有時也必須對孩子說出真心話：「老師看到那些出風頭的人也覺得很羨慕啊！我也很想變成那樣，但是又做不到。可能是因為這樣，每次看到那種人我都會很生氣。」像這樣，先對霸凌者心理表示共鳴，再拋出「人都希望被關注、被愛，那麼該如何適度表達？」的議題讓學生思考，或許是一個方法。

⑵十三歲，女生

我霸凌的是我的好朋友M同學。不過我是躲在背後指使的人，M完全不知道我就是「犯人」，還跑來跟我商量煩惱：「有時候是鞋子不知道被藏到哪裡，有時候是筷子不見。」她說自己在意到「晚上常常睡不著」。

M跟我比起來書念得好，成績也比我好。雖然她不會因爲這樣就覺得自己高人一等，但是只要跟她在一起，我就覺得自己矮人一截，用一句話形容就是「女人的嫉妒」吧？所以我才會想要霸凌她。

從文章可看出這個孩子的功課壓力很大，因此妒忌會念書的同學。應該不少學生都感到學業壓力，老師可以在課堂上和學生討論：「有沒有人跟這個同學有一樣的感覺？」「聽到大人叫自己去讀書，有沒有人覺得很痛苦？」只要有人願意分享就過關了，重點是讓他們知道彼此有相同煩惱並且產生共鳴。

(3) 十三歲，女性

沒什麼特別理由，我現在正在霸凌某個女同學。霸凌別人讓我覺得超級痛快，可能是有消除壓力的效果吧？總之，我很清楚這麼做會讓心情非常暢快。

不是我愛吹牛，我是班上的風雲人物，所以只要我帶頭霸凌某個人，班上其他女同學都會跟進，開始將矛頭指向她，最後那個人幾乎變成全班共同霸凌的對象。我們不會使用暴力，頂多就是一些陰險的手段，例如講她壞話的時候故意讓她聽到，或是營養午餐輪到她負責打菜，我們就互相使眼色一口都不吃，或是把沙子倒到她的味噌湯裡……

偶爾我也覺得她很可憐，自己是不是該住手了？但我可是帶頭霸凌的人耶！事到如今也不知道該怎麼踩煞車了……

最後是想停止霸凌的案例，霸凌者本人也想停止卻不知該怎麼做，因而感到痛苦。老師可以問孩子：「如果你們是這個同學，會怎麼做呢？」「各位覺得她該如何停止霸凌呢？」如果學生回答「和老師或朋友討論」就大力回應「說得很好」、「很棒的方法」。

課堂上帶領學生思考霸凌者心理的原則如下：

第1步　提示

「什麼事情會讓你們覺得有壓力？」

「是不是很希望有人可以『關心我』、『愛我』，但就是說不出口？」

第2步　引導

「每個人都有孤單寂寞或感到壓力的時候，也會想把氣出到弱小的人身上，所以當你們感到孤單或壓力，不要往肚子裡吞，一定要找個人聽你說（＝依賴別人）。」

人類都是軟弱的生物，必須和他人互相扶持、依賴才能活下去。想讓學生建立這樣的觀念，就要用我對受刑人的授課方式：先讓學生仔細思考「霸凌者心理」，接著再讓他們思考「被霸凌者心理」，這個流程能大幅加深學生對霸凌的理解程度，我認為光是仔細思考「霸凌者心理」就能有很好的效果。

如同我多次強調的，從「加害人觀點」出發才能聽到孩子說出真心話，而當說出真心話，才能與自己的內心面對面。無法讓學生誠實面對自己內心的教育說穿了只是表面工夫，他們也得不到任何收穫，而現今的反霸凌教育之所以讓學生毫無印象的原因就在這裡。

◆讓孩子成為「堅強的人」的教養方式

前面用了許多篇幅探討霸凌，事實上我對受刑人授課時也會舉霸凌的例子和他們討論。每當請受刑人思考被霸凌者的感受，無一例外的是，他們幾乎毫不猶豫地回答：「誰敢欺負我，我一定給他好看！」我會順著他們的話確認：「你們的想法是『以暴制暴』對嗎？」接著再問：「如果用這個方法在社會上生存，你們未來（出獄後）會過著什麼樣的人生呢？」

幾乎百分之百的男性受刑人都認為**「是男人就要當個強者」**、**「是男人就不能輸」**，而且對此深信不疑。我猜即使不是受刑人，這個世界上的男性（包含我自己在內）都多多少少有這種觀念。

受刑人凡事以暴制暴的結果可能是不斷犯罪，他們必須學習「逃跑」，然而有些受刑人居然說：「我從來沒有過逃跑的念頭。」換個角度想，逃跑其實是自我保護的必要手段，但是對於固守「是男人就不能輸」價值觀的人而言，沒有比逃跑更丟臉的事。對方找上門來沒有不迎戰的道理，而且既然要戰，只能贏不能輸。這種想法就是暴力的源頭，最糟的情況是演變成殺人。

男人也會有想哭的時候，一定會有想找人訴苦的時候，但是男人掉眼淚、示弱在社會上往往被視為「娘娘腔」，「娘娘腔」就是用來形容沒有表現出該有男性特質的男人。「像個男子漢」的想法導致男性必須把痛苦和辛酸壓抑在心裡，不能表現出來，周遭人的肯定又更強化了這件事。例如見到一個小男孩不論在路上跌倒或被人捉弄、欺負都強忍著淚水的模樣，想必身邊大人都會稱讚他「都沒哭真了不起」，於是在他心中種下「像個男子漢」的價值觀，更加壓抑自己的感受。

那麼女性又是如何呢？雖然現在流行「肉食系」的說法，主動積極的女性逐漸受到尊重，但其實社會上「女生就是要溫柔婉約」的觀念仍舊很普遍。當女性表現出好勝心，容易招來「明明是女的還這樣」的負面評價，這個時代還是很要求女性應該表現得「像個女人」。男性一般來說喜歡婉約型女孩勝過肉食系女子，因為在男性的想像裡，溫柔婉約的女生「順從」、「聽話」。當然我的意思不是婉約不好，而是勉強自己裝出溫柔婉約才是問題，這會讓女性下意識隱藏內心感受，養成壓抑的習慣。

總而言之，父母用「像個男子漢」、「要有女孩子的樣子」的價值觀教育孩子，孩子便學會了壓抑真實的自己，也是爾後造成問題行為的原因。

◆讓孩子趕快變成「大人」是很危險的

另一個和成為「堅強的人」相關的教養方式是，父母會希望趕快把孩子教育成「大人」。我們常對孩子說「都已經是國中生了」、「都已經是大學生了」、「都已經成年了」，這些話的背後都隱含了孩子氣是不好的，希望孩子表現得像個大人。所以看到有孩子表現得比同齡小孩更像個大人時，就會給予他正面評價。各位應該很常聽到「都已經是國中生了，要更像樣一點」、「都已經是大學生了，要更成熟一點」、「都已經成年了，以後就靠自己了」，這些話都在強調孩子氣是不好的，像個大人才會得到稱讚。然而，一旦用這種價值觀教養孩子，之後會招來嚴重問題。

孩子小的時候讓他像個孩子般健康長大，就會長成好的大人。各位如果認為自己是個身心健全的大人，就表示你小時候能過得像個孩子。所謂的孩子氣就是能放心自在地表達真實的自己；反之，如果從小被要求像個大人，就會習慣壓抑真實的感受。

小時候能展現孩子氣一面的人，長大後也能對他人表達真實的感受。能表達真實的感受就意味著能在人前做自己，也能和人建立良好的人際關係；而被要求表現得像個大人的小孩，因為習慣時常壓抑內心感受，長大後便無法表達真實情緒，不但沒辦法擁有健全的身心，也不知道該如何做自己，因此無法與人建立良好關係。

再者，想擁有健康的人生，不只要在孩提時期展現孩子氣的一面，長大成人後更要如此。不論是誰都會有孤單寂寞、傷心難過的時候，也會感受到壓力，適時展現孩子氣能幫助我們發洩這些痛苦，若說孩子氣是讓我們成為更好大人的條件，其實也不為過。在聚會或KTV上開心胡鬧、和朋友互開玩笑，都能幫助我們消除痛苦，進而做好身為大人該做的事。「展現孩子氣的能力」其實是我們一輩子都需要的。

相反的，孩提時代沒機會展現孩子氣的人，隨時隨地都表現得像個大人，也不知該如何消除痛苦。愈是要求自己言行舉止要成熟穩重的人，愈容易在突然之間鑄下大錯，這種案例並不少見，因為累積在心中的「內在小孩」終於按捺不住爆發了。當我們看到完全不像是會肇事的人竟然犯了罪，往往很訝異「那麼認真的人怎麼會做出這種事」，事實上，正因為他總是勉強自己表現得成熟穩重，才會走上犯罪更符合現實狀況。

幾乎所有受刑人在小時候都沒有機會展現孩子氣的一面，說穿了，能展現孩子氣是有條件的，就是身邊要有接納他的大人。然而大多數受刑人的父母（照顧者）都不是能夠接納孩子的大人。他們多半在雙親離異、被父母遺棄，甚至沒有父母（照顧者）的環境下長大，身邊沒有那樣的大人，自然沒有機會活得像個孩子。

從小遭受家暴或目睹父親成天發酒瘋的孩子長大之後，又會變得如何呢？

處在那樣的成長環境，他不是為了不挨打而努力當個「好孩子」，就是害怕被父親發酒瘋波及而努力察言觀色、心驚膽顫地過日子，如此一來自然沒辦法展現孩子氣，只能被迫表現得像個大人。誤入歧途的少年會透過抽菸或吸食強力膠來強調自己是個大人（＝男子漢），獲取眾人目光，我認為這些行為背後都有著沒人接納他是個孩子的悲傷與辛酸。非行少年和受刑人的案例或許比較極端，但是我認為這與我們平常對待孩子的教養方式並非全然無關。

我在演講上談到育兒話題時會告訴聽眾：**「看到小孩的言行舉止『像個大人』就是警訊。」**要避免這種情況發生，最有效的方法就是夫妻感情好，夫妻之間感情良好，即使父母價值觀多少有點偏差也沒有大礙。

但是夫妻感情不好，孩子就會認為「因為我是壞孩子才害得爸爸媽媽感情不好」、「我一定要當個好孩子」，為了討父母歡心，表現得像個大人，或是害怕家裡氣氛不好，所以故作開朗，明明是個孩子卻像大人般拚命努力。而此時，一旦身邊大人誇獎他「年紀這麼小真是了不起」，以後必定釀成大禍。很多案例都是明明前一天還好好的，隔天突然變成不良少年，不論誤入歧途或出現精神疾病都是自我壓抑後爆發的結果。即使沒有爆發，看起來和平常一樣，但長大後可能活得很痛苦。

孩子不論年紀多小，都能敏銳覺察父母的態度。當你看到孩子表現得像個大人，請務必檢討自己的言行，找出讓孩子變成那樣的原因。

◆讓人無法「做自己」的訊息

我們每個人都是以嬰兒的樣子來到人世間，嬰兒會的就是「做自己」，然而在長大成人的過程中，我們會接收到身邊大人傳遞的各種訊息，漸漸無法做自己。

【案例❸】的井上同學被父母要求「考試都要考一百分」，不發憤圖強努力讀書就得不到父母的愛。和井上同學一樣感到活得很痛苦的人，或許就是在成長過程中接受到許多不被允許「做自己」的訊息。從小被教導「像個男子漢」、「是男人就不能輸」的男生，必須一輩子當個男子漢；被耳提面命「女生就是要溫柔婉約」的女孩子，也會要求自己的舉止像個女生；經常被拿來和手足做比較的孩子，則會時時刻刻讓自己保持在競爭狀態（一旦認輸可能會瞬間氣力放盡）。以命令形式教養小孩的父母會認為孩子聽話是理所當然的，而他們的孩子時時刻刻都在觀察父母的反應，好確定自己是否做到父母的要求。

我在〈前言〉舉出一些「輕微犯罪」，除了真的不小心以外，愈是經常接受命令式管教的孩子，愈是容易出現這種輕微犯罪，這是我的「假設」。所謂接受命令，是將他人評價擺在比自己判斷更優先的位置。這樣的人做決定時的判斷依據都來自別人怎麼想，無法在內在建立穩固的價值判斷標準，因此愈常聽命行事，就愈難培養「內在道德感」。如果有規定當然會照做，但是只要沒被發現，他們會變得自我中心起來，認為「這點小事（輕微犯罪）又不嚴重，應該沒關係」。

總歸來說，產生問題行為的人都是接收大量不被允許「做自己」訊息的人。照大人的話乖乖做就是「好孩子」、不照做就是壞孩子；考試每次都考一百分就是「好孩子」、考不到就是壞孩子；像個男孩子（女孩子）就是「好孩子」，不像個男孩子（女孩子）就是壞孩子；做得到父母要求就是「好孩子」、做不到就是壞孩子；贏過手足就是「好孩子」、輸的就是壞孩子。父母的愛應該是無條件的，在無條件的愛下成長的孩子，就會長成能做自己、接納自己的大人；然而在有條件的愛下成長的孩子，當達不到那些條件，就會認為自己是沒用的人，問題行為的根源就是來自於用有條件的愛養育小孩。

當孩子讀書或運動卡關，我們經常對他說「你一定辦得到」，確實「你一定辦得到」是一句鼓勵的話，但是換個角度想，「你一定辦得到」隱含著「現在的你不夠好」的訊息。我們認為理所當然的一句話，有時就是造成對方壓力的來源，希望各位讀者多注意。

◆「好父母」的問題

光是「了不起」的父母就可能造成孩子的壓力。父母是老師、警察、醫生、企業老闆、大學教授、名人，可能讓孩子從出生就背負著「額外的包袱」。父母若是老師或警察，通常會比一般家庭更嚴格要求小孩的規矩，畢竟老師和警察在社會上是具有崇高道德標準的職業，當為人父母時，也會超出一般道德標準要求小孩。而擁有了不起頭銜的父母所生的小孩，也接受周圍更多期待與注目，這些都會造成孩子的壓力。社會地位崇高、有名譽聲望的「了不起父母」或許是造成孩子心理障礙的原因也不一定。

此外，認為在孩子面前必須隨時展現「父母的樣子」，也會成為孩子未來發生問題行為的原因。例如深信為人父母不能在孩子面前訴苦，孩子也會變成不懂得訴苦。人類都是軟弱的生物，能自然展現自己的弱點、缺點、不足之處的父母懂得接納真實的自己，這樣的父母所教出的孩子也會接納真實的自己。曾經被好好對待的人，就能好好對待他人，這句話在本書已經提過很多次，這裡也同樣適用。如果希望孩子成為一個能「做自己」的人，那麼父母也必須「做自己」，「了不起的父母」就是發出許多讓孩子不能「做自己」訊息的父母。

第5章

如何讓孩子與自己都不要成為罪犯

你以為的反省，只會讓人變得更壞

Chapter 5

我が子と自分を犯罪者にしないために

反省させると犯罪者になります

◆一起思考問題行為背後的原因

在最後一章，我想從家庭和學校的教育方式探討問題行為發生時該如何處理，以及如何在日常生活中活出健全的身心。

各位一路讀到這裡應該已經非常清楚，孩子發生問題行為的當下不是要求他必須反省悔過，而是展現出和他一起思考「為什麼孩子（或自己）出現問題行為」的態度，要罵人等弄清楚原因再罵也不遲，不，當了解原因就會發現，其實多數情況問題都出在大人自己身上，或許還會因此感到慚愧不已。不過這也是好事，這樣的處理方式不論對親子關係、師生關係，或任何人際關係都是有幫助的。

當孩子做出問題行為，通常第一個反應是「要挨罵了」，此時大人要明確告訴孩子：「我想把你這次的問題行為當作是幫助你成為更好的人的機會。」並且陪伴他一起思考問題行為背後的原因：「讓我們一起想想這件事情為什麼會發生好嗎？」

家裡和學校或許各需要不同問法，但基本進行方式一樣，總之都要以包容的態度替代責罵。一開始先試著問他：「我想知道你平常都在想什麼，可以跟我聊聊嗎？什麼都可以。」或許必須花上一點時間等待，但只要孩子感受到可以說真話，就會慢慢開口。此時大人要忍住插嘴，務必默默傾聽，即使他有一些錯誤想法也不要點破，絕對不要打斷正在說話的孩子。當他提到不滿或壓力，就是問題行為的原因。

如果你是父母，此時可能會從孩子口中聽到否定自己的話，一定會感到很刺耳，請當作孩子在告訴我們連大人都未曾注意到的事情，用受教的態度好好聽完全部。

孩子說出不滿與壓力是需要勇氣的，其實大人也是，要在人前將負面情緒抒發出來，不論是誰都會感到丟臉，正因如此，當孩子講出心裡話，請一定要對他說：「那些事情一定讓你很不好受，你一直都是這樣自己默默煩惱嗎？謝謝你願意說出來。」而當父母覺察到孩子的煩惱源自於自己，請坦誠向他道歉：「爸爸（媽媽）也有做不好的地方，對不起。」彼此訴說心裡話，親子關係會更加緊密。讓問題行為的發生成為親子關係好轉的契機，進而建立起互相說真話的富足人際關係。

如果你是老師，請一定要對學生這麼說：「原來你的感受是這樣，你一定很難過，是不是已經很長一段時間都找不到有人可以說呢？謝謝你願意告訴我心裡的想法。」當孩子知道老師能夠同理他，就會願意相信老師，他的人生也將因此有所轉變。**孩子會因爲遇到好老師而願意相信大人。**而當孩子將不滿與壓力轉化成語言，也有大人願意接住他的情緒時，他便會覺察到自己的問題行為錯在哪裡。

孩子傾訴真心話時，有一件事絕對不能做，就是講道理。例如「那是你的想法有問題」、「未成年就是不能抽菸，對身體也不好」、「你再這樣下去就考不上好學校」，這些說教都是沒有幫助的。這些話沒有錯，但正是因為沒有錯，會讓孩子無話可說，也會讓好不容易敞開的心房再度關閉，對說出真心話的自己後悔不已。

說教到最後，只會落入引導孩子反省的套路，甚至會讓孩子下定決心從此以後面對大人「絕對不能說實話」，也不願再和他人分享自己的心聲，或是變得陽奉陰違，表面上看起來一本正經，其實心裡很不屑。演變成這樣就太糟糕了，危機不但沒有變成轉機，反而招來另一個危機，成為爆發（誤入歧途或犯罪）的起點。

道理講到最後，贏的一定是父母。而一旦變成父母是贏家、孩子是輸家的結構，親子關係就會開始惡化。我們可以把講道理看成是導致對方緊閉心房的「語言兇器」，這不僅適用於親子關係，任何人際關係都是如此，我們必須牢記在心。

◆思考哪些事情是「父母造成我的困擾」

我在第三章提到「內觀療法」，這項心理療法的特徵是透過思考「自己造成他人的困擾」，進而產生感謝的心，但同時我也指出，內觀療法在矯正教育中被用來作為強迫反省的工具。雖然我舉的是非行少年和受刑人的例子，但是只要以錯誤方式進行，內觀療法對一般人也同樣會帶來如同矯正教育般壓抑情緒的結果。

我們從小就被教育要「感念父母」，然而說句不好聽的，即使我們只是過著普通日子的老百姓，也曾被父母添麻煩過。前面提到的好孩子特質例如「很能忍耐」、「默默努力」、「不輕易喊苦」，倘若從小被父母如此要求就會活得很辛苦，當然父母都認為這是「為你好」。可能是我排斥這些「正確觀念」才會這麼想，只要活得很辛苦的一部分原因來自這些價值觀，應該都算是父母造成我們的困擾。

話雖如此，即使知道是父母造成的，我也不贊同直接把憤怒與不滿發洩到他們身上，畢竟他們也是從自己父母身上接受這些觀念，才會原封不動地傳遞給孩子，覺得是「為你好」。

我想提醒各位的是，進行內觀的時候，如果只著眼於「自己造成他人的困擾」，而不是「他人（父母）造成自己的困擾」，就沒辦法檢視從父母那裡接收了哪些價值觀。然而父母的價值觀正可能是導致自己活得很辛苦的根源，所以一味對生我養我的父母「心懷感激」其實是很危險的。這就是內觀療法的問題所在。

當然，從否定的角度檢視父母是很痛苦的，但是對於活得很辛苦的人，有必要檢視父母對自己灌輸了哪些價值觀。如果是這些理所當然的「正確觀念」在折磨自己，就有必要重新看待這些價值觀。

◆取代悔過書的方式

學生在學校發生問題行為時，為了便於向家長和其他老師交代，校方通常會要求學生提出「有在反省」的證據，例如罰寫悔過書即是一例，我也已經重複強調寫悔過書只會讓問題更加惡化。但即使只是請學生把心裡話寫下來，他們應該還是會寫出「我會好好反省」這類文章，畢竟學生都很習慣反省了，因此老師們需要改變一下做法。

首先是表明自己的態度，告訴學生會將這次事件當作一個「好機會」，然後試著問他：「這次的事情如果爸媽（照顧者）知道了，他們會對你說什麼呢？」當然實際上一旦學生發生嚴重問題行為，校方是有義務要聯絡家長的。學生可能會回答：「你這傢伙就是這樣亂七八糟」、「我怎麼會教出你這種小孩」、「自己捅的婁子自己負責收拾」（這些都是我學生們親口告訴我的），此時再進一步問：「是不是從以前到現在你都只有被罵的分，爸媽從來沒有給你機會好好解釋呢？」「他們這麼說，你心裡一定很受傷。」「你是不是曾經受過很重的懲罰呢？」

學生描述過去的親子狀況後，老師再拋出提問：「如果爸媽知道了，你希望他們能對你說什麼呢？」這樣的對話對孩子來說恐怕是第一次體驗，也可能覺得困惑，不過只要感受到大人展現包容的態度，他們就會認真思考。大多數孩子都希望父母能接納自己，對自己說：**「我相信你！」「什麼事情讓你這麼難過呢？」**（這些也是實際從他們口中聽到的）很多人都是邊說邊流淚，不曾獲得父母接納的悲傷與痛苦在此刻傾瀉而出。這些覺察對他們來說很痛苦，但他們出現問題行為也是事實，我認為這是必須跨越的門檻。

結束上述對話後，如果想要加派「功課」給學生，我會請他寫下「心中想對父母說的話」，而不是悔過書，並且告訴他：「把心裡真正想對爸媽說的話寫下來，我絕對不會批評你、否定你，不用擔心自己的那些話是不是不中聽，只要如實寫出心中的想法就好。」他或許會寫下對父母的不滿或「心願」，發洩不滿可以幫助他梳理內心，而心願可以看作是父母從來沒有真正傾聽自己，也可以視為一種不滿。當學生將負面情緒發洩出來後，就能覺察到自己的行為造成的問題。

然而有些學生認為「我的父母沒有問題」，遇到這種回答先不要全盤接受，我希望老師可以繼續從不同角度引導他：「真的啊？從小到大在爸媽面前是不是有些事情需要忍耐，或是覺得有點孤單呢？」問題行為的背後都有著孩子與父母間的情感糾葛，或是孩子無法向父母說真話的理由，鼓勵孩子有所覺察是發生問題行為時應給予的協助。

目前為止我都把問題鎖定在親子關係，其他像朋友或學校都可能是學生的壓力源，或是受孤獨所苦，而最糟糕的處理就是要求反省，我們必須做的是傾聽他的寂寞與壓力，陪伴他一起思考這些情緒與感受的來源，或許背後原因就是

「不給人添麻煩」、「不要撒嬌」這些價值觀讓他認為必須勉強自己。而當釐清了問題，就能給予適當建議。

舉個例子，之前有一名男同學老是拿不到學分，遲遲無法畢業。他是體育校隊成員，大學四年因為有同儕陪伴，表現得很正常。延畢之後，身邊沒有可以依賴的朋友，變得孤單一人，又因為是體育校隊，對於表達軟弱的一面感到特別羞恥，他說自己「太不獨立了」，我告訴他事實正好相反，就是因為他認為自己應該「像個男子漢」，無法好好依賴別人，才會過得如此痛苦。最後在他的提議下，我們進行了向學弟妹借筆記的角色扮演練習，或許他覺察到自己的課題，最後帶著神采奕奕的表情離開研究室。

我有點扯遠了。當學生將老師出的功課交回來後就要進行個人面談，讓他思考內心問題與這次行為之間的關係，通常順利的話，進到面談階段，他已經覺察到自己的內心問題，也能誠實表達出來。當學生已經做到自我理解，老師可以再派給他新的功課：「這次事件帶給自己的啟發和對未來生活的想像」，倘若內心問題已經根深柢固，恐怕需要一段時間才能進到這一步，也可以尋求校內心理師的協助。其實當問題行為發生時，由專家組成「支援系統」來協助學生是最理想的，但是應該沒有學校能有如此充沛的人力，因此每位協助者都必須加強自己的能力。

透過上述步驟，學生多少可以理解問題行為的背後因素與自己內心問題的關聯，這樣就沒問題了。只要能做到自我理解，今後就會有所改善。學校是教育的場所，不該把處罰當作目的，而是應設法讓學生能夠積極面對未來的校園生活。

每個學生的內心問題各不相同，我想這點不需要多做說明，而為了讓他們能夠思考自己內心的問題，我希望老師們事先準備好不同「功課」讓學生書寫，以下舉幾個題目：

● 從小到大父母最常對你說的話是什麼？

- 什麼事情讓你感到壓力？
- 現在的煩惱（痛苦）是什麼？
- 這次行爲讓你有什麼「收穫」和「損失」？

老師要從學生所寫的文章判斷裡頭的蛛絲馬跡，觀察內容是否流於表面，如果很表面就要指派其他功課。因此老師需要具備一定的判斷能力，有時也要尋求專家協助。我不認為前述方法就是最好的答案，說實話，能取代悔過書的東西並沒有唯一解答，要派什麼「功課」，最好是由問題行為當事人與面談者經過深度對話後所產生的共識。

學校原本就該是引導人往良善方向前進的教育場所，而不是處罰人的地方，面對出現問題行為的學生要給予體貼的關懷，讓他面對自己的內心，不是以反省的形式，而是從更生的觀點出發。所謂更生，從字面上理解就是「更新生命（＝重生）」的意思，不是矯正錯誤的「更正」[13]。

◆「謝謝」「我很開心」與「好孤單」「好難過」

接下來我想向各位說明如果想擁有良好的人際關係，平常可以從哪些事情著手。

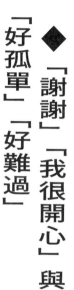

首先記得把「謝謝」和「我很開心」掛在嘴邊。可能有人認為這不過是老生常談，但意外的是其實很少人做得到，尤其夫妻之間和親子之間很容易把對方的付出當作理所當然，自然很少說出這兩句話。

以夫妻之間來說，當妻子準備了一桌飯菜，身為丈夫有沒有對她說「謝謝」呢？當丈夫幫忙拿行李，身為妻子有沒有告訴他「我很開心」呢？不論有沒有說出這兩句話，一旦心裡覺得「你做是理所當然」，就肯定不會開口，如此一來只會更加覺得「理所當然」，彼此關係便會逐漸降到冰點。因為認為對方「有做是理所當然」，而當對方「沒有做」就會感到一肚子火，不自覺說出：「這種事本來就是老婆該做的吧！」「當老公的連這點小事還要我說了才去做嗎？」夫妻感情於是一步步消磨殆盡。

親子之間也是一樣。當孩子幫忙做家事或任何幫得上忙的事情，請大方告訴他「謝謝」、「我很開心」。不僅如此，即使稀鬆平常的事情也要這麼說，例如孩子早上準時起床，可以對他說：「你今天也乖乖起床了，媽媽好開心喔！」最極致的用法是三不五時感謝孩子健健康康地陪在我們身邊，對他說「謝謝」、「我很開心」。

事實上，說不出「謝謝」、「我很開心」的人都沒辦法好好向人撒嬌、適時依賴別人。他的人生當中缺乏被人依賴的經驗，正因為不曾被人依賴，才無法自然而然將「謝謝」、「我很開心」掛在嘴邊。

我遇過從來沒說過這兩句話的受刑人，可想而知是因為「真實的自己」幾乎不曾被人所接納，不知道被人接納的快樂是什麼感覺，所以無法與人產生連結。要求他常把「謝謝」、「我很開心」掛在嘴邊是很殘酷的，我們必須從溫柔對待他做起，當他感受到與人相處的溫暖，才會知道什麼是快樂。總之，這樣的個案需要的同樣不是處罰，而是關心。

最容易出現問題的情況是，做了一件事後對方的反應不如預期，此時特別容易出現憤怒的情緒。前幾天我在車站候車處目睹一對情侶發生爭執。一位像是大學生的女孩子似乎因為男友遲到了三十分鐘，氣急敗壞，對著匆忙趕來的男友大發脾氣，橫眉豎目地責備：「你到底要我等多久？好歹聯絡一下吧！每次都是我等你，我就是最討厭你這個樣子！」男生一開始還一臉不好意思的樣子，但在對方的言語攻擊下也開始生氣，最後演變成嚴重口角。類似例子還有很多，總之發脾氣是不可能讓人際關係變好的。

事實上，憤怒的情緒藏著自己沒有被接納（＝被愛）所感受到的孤單、難過。日本人很不擅長表達「孤單」，而孤單累積久了就會轉變成憤怒。像上述女大學生如果當時不是用發脾氣的方式，而是告訴對方「你讓我等了三十鐘，我覺得很孤單」、「每次都是我等你，讓我很難過」，想必男生不但會打從心裡覺得抱歉，更會感受到女友的可愛之處，兩人間的感情也隨之加溫。

話說當我把這件事告訴大學研究室學生們時，大多數女同學都說「那種話我講不出口」，理由是「說不上來為什麼，總之就是不可能」或是「感覺很恥」，我可以理解她們的心情，明明是對方有錯在先，居然要我說「好孤單」、「好難過」，豈不是變成我在讓步嗎？

但是，在男女或親子這類基本上要有「愛」才能成立的關係中，任何一方出現「對方位階比較高，我低他一等」的想法，關係就會變差。我們不必想成是讓步，而是為了建立對等的關係，唯有將內心真實感受表達出來，彼此才能互相接納。當對方接納了自己，請好好告訴他「謝謝」、「我很開心」；萬一不被對方接納或認同，也請老實說出自己「很孤單」、「很難過」。

有句成語叫「沉默是金」，然而不透過言語表達也能互相理解的時代已經結束，過去我們認為默默體察對方心情才是美德，但時至今日，能夠好好表達自己感受才是建立良好人際關係的必要條件。

◆建議大家「微發怒」

接續前面的話題，日常生活中如果發生不愉快的事或感到有壓力，請盡可能將情緒發洩出來，不要往肚子裡吞，這就是我說的「微發怒」。

找個願意聽你說話的人，用言語表達出自己的情緒，例如「被那個人這樣說我覺得很痛苦」、「開會開那麼久累死了」。當然也可以透過運動或一個人小酌紓壓，不過最好的方式還是找個願意聽自己講話的人，對他說出內心的感受，情緒一旦轉化成語言，心情多少會舒暢一點。如果實在是找不到傾訴對象，也可以對著空氣大喊：「去死啦！」我偶爾也會在車上大叫，形式不拘，重點是表達出來。

會出問題的是「也不是什麼多大的痛苦，往肚子裡吞就好」的想法，積沙成塔的道理大家都懂，即使只是一點點的不舒服，一旦不願（不能）找人訴說，累積久了便會爆發，犯罪的人都是忍耐著比別人多好幾倍的痛苦。想要有健康的人生，適度發洩壓力是不可或缺的。請務必找到說話的對象，即使只有一個人也無妨。

反過來說，如果你身邊沒有任何可以傾訴的對象，這正是危險訊號。請一定要敞開心胸建立新的人際關係，試著找原本就認識的朋友或職場上的同事，向他們開口：「可以聽我說說話嗎？」或許有人會覺得跨出這步很困難，畢竟連向人訴說不滿都不曾有過，突然要如此開口實在有難度。如果你也這麼想，你是不是從來沒表達過煩惱和痛苦，一直藏在心裡呢？感到痛苦也是思考人生的機會，如果能對他人敞開心胸，傾聽的對象也會因為接收到你的真心而感到開心，如此才能持續拓展人際關係。

我把這個道理比喻為「吊床」。各位都知道吊床是用繩子編成的網掛在樹上所做成的床，假設這面網子用了很多條繩子，而且是很粗的繩子，吊床就會穩定。人際關係也是一樣，愈粗的繩子代表愈緊密的人際關係，繩子愈多，人就會愈穩固，即使中間有兩、三根繩子斷掉，吊床也不會因此不穩。然而如果只有寥寥幾條繩子，而且每一根都很細，這張吊床一定很危險。

會犯罪的人都是吊床繩子又細又少的人，正因為他們的繩子又細又少，才會死命設法維持住，不讓繩子斷掉。因為擔心繩子不知何時會斷掉，他們的心理狀態非常不穩定，即使繩子另一端所繫的是危險人物，然而只要想到斷掉後自己會陷入無止境的孤獨，就無法斬斷這段關係，甚至對愈危險的人反而愈緊抓不放，這就是為什麼明知危險還是會和危險對象交往的心理。因此建立人際關係時，請選擇能放心對他敞開心房的人，而且人數愈多愈好，如此才能擁有穩定的心理狀態。

◆珍惜「孩子氣」的一面

我在本書中將「忍耐」視為一項問題，事實上不論在學校或社會，忍耐是日常生活中不可或缺的一部分，但我所要強調的是，持續處在只能一直忍耐的狀況才會出問題。

以還在上學的孩子為例。假設他在上課時間必須忍耐，下課時間也要忍耐，回到家之後還要因為考試成績、用字遣詞、說話態度等各種原因被父母不斷叨唸，這個孩子遲早會爆發。以大人來說，忍耐通常是在工作的時候，工作上無法忍耐的人就會被炒魷魚。

而為了在上課時間或工作中做到「好好忍耐」，就必須在下課後或自由時間「解放自我」。以小孩來說，下課時間就該和朋友打鬧嬉戲，放學後也要和同學出去玩耍，在家時間偶爾無所事事也無須太過擔心他，甚至應該說無所事事的時候，正是為了蓄積更多在學校念書學習的能量。那麼以上班族來說，就是下班後和同事聚餐喝酒、唱歌玩樂，或是在家放鬆，明天才有精神繼續努力。簡單來說，只要有機會表現內心孩子氣的一面，就能做好「忍耐」這件事。

所謂孩子氣的一面，某種程度是一種本能。「好想玩」、「好想睡」、「好不想讀書」、「好不想上班」、「超討厭那個老師」、「主管煩死了」，這些話不是任何場合都能隨便講出來，但只要在某些時刻能將真心話，也就是孩子氣的一面展現出來，我們就能好好面對讀書與工作。正因為有機會讓我們說出「好不想讀書」、「好不想上班」才能繼續讀書和上班。

前面章節提到，小時候的我們會因為表現得「像個大人」而受到稱讚，但是一直維持大人的言行舉止會導致壓抑。**不只看到孩子表現得像個大人需要特別注意，其實大人自己也想當個「好大人」**，請記得適時展現孩子氣。

◆軟弱也是魅力

不論大人或小孩，能展現孩子氣的人其實看起來特別有魅力。如果把認真讀書或工作看作是展現大人的一面，那麼孩子氣就是相反的一面，而看到一個人孩子氣的一面會讓人感到意外，進而覺得很親切。

前美國大聯盟棒球選手鈴木一朗在比賽中總是充滿「男子氣概」，但是在一些紀實節目或廣告裡卻有點孩子氣，反而看起來更有魅力。如果一朗選手連在日常生活中都維持著不苟言笑的態度，應該會讓人感到難以親近。**這些在職業中必須展現出「男子氣概」的人（運動選手或職業棋士等），在我們看不到的地方應該都很擅長依賴別人，透過依賴別人取得身心平衡，進而在自己的專業領域追求卓越表現。**

從這個角度思考會發現，我們很容易認為暴露軟弱的一面是不好的，但其實軟弱本身是一種魅力。沒有人會想靠近總是盛氣凌人的人，反而是適時展現脆弱面的人，大家自然會聚集在他身邊。只要是人，不論是誰都會有幼稚或犯傻的一面，也會有缺點，無法接受自己有這樣一面的人會認為被看到脆弱面是很丟臉的，所以勉強偽裝（表演）自己，不但搞得自己疲憊不堪，別人也會感受到他在逞強，因而無法建立良好的人際關係。非行少年和受刑人都是明明沒自信，卻隱藏自己的軟弱，勉強展現出強大一面的人。

重要的是接受自己的幼稚、愚蠢、缺點，只要能做到這點，就不會在人前勉強自己，不僅待人接物會更自然，別人也會感受到你坦誠以待，自然而然與你建立良好的人際關係。

不過要特別小心有些人會利用展現自己的弱點來控制他人。這種人會刻意在人前表現脆弱面，散發出讓人不得不幫助他的「光芒」，藉由讓人看見自己的軟弱來讓事情照自己的期望發展。部分割腕自殘的人就是希望透過傷害自己來吸引他人注意，千萬不要把軟弱當作是操弄他人的「武器」。

不經修飾所展現出來的脆弱面，可說是每個人的「寶物」。因為脆弱面是無法刻意表現的，每個人的軟弱都是人生過程中經歷了各種酸甜苦辣，自然形塑而成的，可說是專屬個人的「資產」，而這份資產是我們與他人建立關係時絕對不可或缺的。

◆能自然展現「真實的自己」才是真正的強者

詢問受刑人怎樣的人才是「強者」時，他們的回答不外乎是「很能忍的人」、「能貫徹自己信念的人」、「堅持到最後一刻的人」。

「很能忍」確實很重要，但只會一直忍，遲早會爆發；「貫徹自己的信念」也很重要，但換個角度也可以說是性格頑固、聽不進他人意見；「堅持到最後一刻」很了不起，但也意味著凡事自己埋頭苦幹，遇到困難也不向他人求助。這些都是在社會上備受肯定的「正確觀念」，但只要換個角度想，這些價值觀也可能造成問題。沒有什麼價值觀是絕對正確或絕對錯誤，端看每個人看待事情的角度，優點有時也可能成為缺點。

根據上述論述，我認為能夠自然展現「真實的自己」才是「真正的強者」。所謂展現真實的自己是指，想哭的時候會流眼淚、開心的時候能打從心裡感到喜悅，簡單來說就是無須偽裝情感，不用將自己武裝起來。明明心裡很想哭，臉上卻掛著笑容的人不是強者，是逞強。

不過，無須偽裝情感聽起來很容易，其實很困難。原因就如前述，因為我們都接受了「良好的教養」。我們必須覺察自己如何在不知不覺中接受了什麼樣的價值觀，又是從何開始無法自然表達真實感受，從覺察開始做起，一步步讓自己不再需要偽裝情感。

◆好好依賴他人

我在第一章開頭提到發生在自己身上的兩起擦撞意外，事情會發生全是因為我的不小心，但就像前面所寫的，之所以不小心也是其來有自。我對畢業論文不夠格的學生、當天大學的冗長會議，心中充滿了灰暗情緒，我沒有向任何人傾訴，卻又一直放不下的結果導致自己招來意外。由此可知，要照顧好自己，就要適時排解心頭的討厭情緒，光是把這些情緒說給某個人聽，心裡就能變得舒暢，進而轉換心情。因此，身邊一定要有一個傾聽對象，想要做真實的自己，條件就是建立能展現真實自我的人際關係。

這本書的原書名是《教孩子反省就是教成罪犯》，不但看似偏激，內容也顛覆一般人的常識，一定會有很多人讀了之後很想反駁我。對我來說，即使有數百、數千，甚至數萬人不認同我寫的內容，但只要有一個人願意站在我這邊，認同我的主張，即使只有一個人都至為重要，只要有人願意告訴我「這個世界上還有我跟你有一樣想法喔」，我的生命就能得到救贖。

讓我再強調一次，人類是軟弱的生物，正因為軟弱才需要互相扶持。我將協助受刑人更生的想法貫徹在本書。在監獄裡，受刑人無法做真實的自己，一個不小心就會被認為是違規而受到懲罰。他們都是一路忍耐、逞強活到今天，如果不徹底扭轉過去的價值觀，讓他們學會以真實的自己活下去並且懂得依賴他人，很容易又會再犯。我深信不再犯的最重要條件就是「依賴他人」，因此，為受刑人打造一個能夠「做自己」的環境是最要緊的課題。

不僅監獄裡如此，在學校或家庭也應該保留讓人「做自己」的空間。隨著手機電腦日新月異，面對面接觸、與人建立關係的重要性似乎逐漸被忽視，科技的進步如果帶來的是讓人更依賴物質生活，我想遲早有一天我們必須為此付出龐大代價。

● 13　「更生」與「更正」的日文發音相同。

結語

你以為的反省，只會讓人變得更壞

Conclusion

◆結語

日本法律對罪犯處以的刑罰有日漸加重的趨勢，所有罪犯中最為兇惡的當數無期徒刑受刑人，本書的最後我想以無期徒刑受刑人為例，簡單說明目前走向重刑化的現況。

所謂無期徒刑指的是刑期長達終身，也就是受刑人持續服刑到死亡為止，不過這並不代表必須老死在監獄，《刑法》第二十八條規定無期徒刑受刑人也能假釋重回社會。得以假釋的條件有兩項，一是刑期已逾十年，二是該受刑人有「悛悔實據」[14]。讀到這裡各位可能覺得「怎麼才關十年就放出來，太隨便了吧」，但現況與規定其實完全不同。

無期徒刑受刑人中獲得假釋者在監獄裡的平均服刑期逐年變長，二〇〇七年首次超過三十年，平均三十一年十個月才能獲得假釋；二〇一一年又延長到三十五年兩個月（二〇一二年 法務省〈無期徒刑執行狀況與無期徒刑受刑人假釋規定運用狀況〉）。相較於二〇〇二年的二十三年六個月，十年過後平均服刑期多了十年以上。

此外，無期徒刑受刑人人數也在十年內多了一・六倍，二〇〇二年是一千一百五十二名，二〇一一年則增加至一千八百一十二名。想當然耳受刑人愈來愈高齡化，這十年在獄中死亡的無期徒刑受刑人多達一百四十七名。另一方面，獲得假釋的無期徒刑受刑人數量在十年內共為七十六名，比死亡人數還少，也就是比起回到社會的無期徒刑受刑人，在獄中死亡的人數還更多。日本雖然沒有終身監禁的刑罰方式，但按照現況來看，無期徒刑實質上幾乎算是終身監禁。

重刑趨勢也同樣發生在未成年犯罪上。二〇一二年起法務省開始針對兩件事進行評估。其一是調整少年院的嚴格程度，使之達到與監獄相同水準（二〇一二年五月二十九日《產經新聞》），據說是因為過去五年少年院相繼發生八起脫逃事件。原本少年院的特色是處遇較為開放，但為了防止再次發生脫逃事件，打算設置改良鐵絲網使其不易攀爬，部分少年院還預計裝置能感應脫逃者的感測器；院內也強化監視體制，將制定新的職務規則，要求職員以更強硬的態度對待少年。

另一項是《少年法》的重刑化。現行《少年法》針對司法少年能判處的有期徒刑最長十五年，有民眾認為「跟成人比起來太輕了」，因此法務省評估將刑期加長（二〇一二年八月二十四日《朝日新聞》）。

重罰趨勢的背後當然受到社會大眾同情被害人的影響，站在被害人的立場也是理所當然。然而事實上，在日本不論成人或未成年所犯下的殺人事件，以案件數量來說遠遠低於其他先進國家，也沒有增加的趨勢。用比較誇張的說法，其實日本人「不殺人」是世界知名的，更何況在日本殺人未遂也被認定為殺人事件。然而這樣的事實擺在眼前，刑罰還是日趨嚴峻。

我當然理解社會大眾同情被害人，但如果要我說真話，我反對重刑化，理由是處以重罰並不會使人變好，反而會變得更糟。不過如果我站在被害人的立場，或對我而言重要的人被殺害，我應該也會想殺了加害人，這種想法或許會隨著時間或身處環境有所改變，但事件發生的當下，我一定是希望加害人最好死掉。

或許有人會認為我是雙重標準，不過協助者的立場和被害人的立場原本就不可能擺在一起討論。簡單來說，萬一重要的人被他人殺害，我絕對不可能協助那個犯人，我怎麼可能有辦法一邊懷抱對他的恨意，又一邊協助他更生？這是不可能的，所以到頭來只能把協助者的立場和被害人的立場分開來討論。我接受這樣的自我矛盾，但還是願意持續思考未來該如何協助受刑人。

除此之外，更令我憂心的是整個社會氛圍將受到重刑化影響而有所改變。做錯事的人就該被嚴格要求反省，萬一這種風氣蔓延到家庭、學校，乃至整個社會會造成什麼影響，這才是我擔心的。我們是群體的動物，每個人都是學校、公司或某個團體的一分子，當一個組織發生問題，其他組織也會感受到危機，進而導致所有相關組織都必須受到嚴格管理與規定。我害怕當社會變成這樣，我們的日常生活將變得更加令人喘不過氣。

撰寫這本書的時候，某天一篇新聞報導吸引我的目光：曾培育出阪神虎隊王牌能見篤史等優異職棒選手的大阪瓦斯球隊（包含引退隊員）長期涉及高中棒球與賽馬等簽賭行為（二〇一二年九月一日《產經新聞》）。而我注意到的是道歉記者會的內容，報導中提到，領隊稻村榮一帶著沉痛的表情說道：「隊上許多球員都打過甲子園，他們親手玷汙了自己曾經奉獻青春的地方。」針對簽賭行為則表示：「部分球員沒有意識到這是犯罪，我已經要求他們好好反省。」報導的最後引用了一位女員工的發言：「我很震驚他們居然把自己人生中最重要的棒球拿來賭博，希望他們好好反省，用好的表現彌補自己的過錯。」（以上底線為筆者標記）

從「沒有意識到這是犯罪」這句話，可以想像領隊在記者會後一定嚴厲斥責球員「你們的行為已經犯法，今後要更加嚴格要求自己」；女員工的發言雖然帶著鼓勵意味，但也能看出她希望球員「發自內心感到抱歉」。發生醜聞而召開道歉記者會是很平常的事，未來這群棒球隊球員恐怕會活在眾目睽睽下，備感壓力。他們都曾壓抑內心慾望，過著堅忍不拔、努力練球的日子，但卻沒有機會探究自己的內心，了解究竟為什麼開始簽賭。

讀了本書的各位應該都知道，如果是我就不會要求他們反省，至少不會從一開始就要求反省。首先該做的是釐清事實，一一確認可能原因，例如簽賭行為是從什麼時候開始？那個時候球隊狀況如何？隊員是不是練球壓力太大，或是戰績不好？如果簽賭是由某個人開始帶頭，為什麼其他人沒辦法拒絕那個人？是不是萬一拒絕就會遭到孤立，深感孤單與恐懼？

此外，還要和帶頭簽賭的隊員一起思考為什麼他「需要」做出賭博這種觸法行為？從「沒有意識到這是犯罪」這句話可以假設還未演變到簽賭之前，他就常和人打賭，如此一來便能推測出他從打賭進展到賭博成癮的過程，也就是賭博能讓他緩解孤單或痛苦（＝賭博對他有幫助）。若有一位協助者能同理他的孤單與痛苦，引導他說出內心的感受，他才能真正開始反省。

如同我之前所提的，出現問題行為時就是個好機會，不要反倒讓它變成危機。我能理解為了取得社會大眾認同必須公開道歉，**但我們是不是應該改掉只會要求發生問題行爲的人反省，然後又用更嚴厲的態度對待他呢？如果我們不改變，這個世界只會有愈來愈多的罪犯與精神病患**，我是這麼認為的。衷心期盼藉由本書的問世，開啟另一條不同於重刑化的新道路。

這本書是奠基於我在監獄內實際協助受刑人更生所經歷的一切，每位受刑人的背景各不相同，提供他們所需的協助並不是一件容易的事。有好幾次因為我的歷練與理解不足，反而變成受刑人對我「說教」：「這種地方（監獄）就是不能說真話，萬一出事了，你要負責嗎？」「我所犯的罪和我小時候的經歷並沒有關係，我都已經是成人了。」「老師你要不要吸毒看看？那你就會了解我的心情了。」「你只會把話講得很好聽而已。」

我曾經受過各種嚴厲批評和指教，老實說好幾次都讓我很沮喪。儘管如此，受刑人的回應確實帶給我新的啟發，有時是發現過去未曾注意到的事實，有時是發覺他們深藏在內心的真實感受。最重要的是，不論他們說什麼，裡頭都帶著

「真心話」，與他們建立信任感的同時，我透過不斷挖掘他們的真心話，更清楚理解到「不要求反省」才是通往更生的捷徑。如果他們沒有對我說出那些刺耳的真心話，就不會有這本書的誕生，我要向每一位對我吐露心聲的受刑人表達感謝。

最後，我要由衷感謝協助出版此書的所有新潮社編輯部同仁。事實上我原本就希望這本書是由新潮社出版，原因有兩個。首先是美達大和的第一本書《何謂殺人：LB監獄殺人犯的告白》（二〇一一年）就是由新潮社出版，美達在《為何我不出獄》（二〇一二年　扶桑社）一書提到第一本書出版的始末。

該書寫到，美達沒有事先聯絡就把手寫原稿寄給新潮社，也沒有說明選擇新潮社的理由，可以想像編輯部突然收到窮兇極惡的無期徒刑受刑人送來原稿時，內部有多麼驚慌。現今社會大眾傾向同情被害人，而且這樣的氛圍愈來愈高漲，要讓無期徒刑受刑人寫的書問世，可想而知出版後會招致多大的批評，我猜每一位編輯部同仁都為此傷透腦筋。

即使如此，新潮社還是認為讓社會了解受刑人的實際狀況有其意義，決意出版，對此我深表讚賞，至今我都忘不了在書店看到美達的著作時，內心有多麼震驚。而我身為更生協助者的一分子，也協助過像美達這樣犯下殺人事件而被判處無期徒刑的受刑人，我對新潮社懷抱著熱情，於是直接致電給編輯部，他們也同意我把原稿寄過去。不久後我收到編輯部回覆，橫手大輔先生親自到京都來找我，我們交流了很多想法，最後終於有本書的誕生。

第二個理由是，我很想反駁美達的意見。確實如美達所言，絕大多數受刑人都沒有反省，但就像我在書中所說的，只要協助者的態度和監獄體制有所改變，受刑人是能夠反省的。真正問題出在每個人都抱持著「做錯事就該反省」的價值觀，一旦扭轉這個根深柢固的觀念，就能改變監獄官與外部協助者的指導方式，也才有機會讓更多受刑人成功更生。

當受刑人能感受到「人是可以改變的」，就會有更多受刑人願意踏上更生的道路。每多一位更生人，更生道路就會更寬廣。現在有更生意願的受刑人雖然占壓倒性的少數，但只要讓他們成為「多數」，犯罪事件就可望大幅減少，而我最赤裸裸的真心話就是想藉由新潮社的協助，向社會大眾拋出這個訴求。

新潮社的後藤裕二先生與橫手大輔先生不但爽快答應出版本書，從校稿到編輯、出版也一路給予我許多協助。他們的寶貴意見讓我更深入思考關於反省、關於更生，以及關於我自己，也因此本書內容更加深刻，藉此表達我最誠摯的謝意。

此外，協助受刑人的路上我也受到各方無私的指導，尤其是在奈良少年監獄擔任教育專門官的竹下三隆老師給予我許多建議，也感謝每一位願意撥出時間不厭其煩指導我的老師們。

二〇一三年四月

岡本茂樹

● 14 **悛悔實據** 受刑人無違規情事發生，假釋審查委員普遍認定為改過後悔的實質證據。

教出殺人犯 I：
你以為的反省，只會讓人變得更壞
反省させると犯罪者になります

作者　岡本茂樹（Shigeki Okamoto）
譯者　黃紘君
主編　陳子逸
設計　日央設計工作室
校對　魏秋綢

發行人　王榮文
出版發行　遠流出版事業股份有限公司
104 臺北市中山北路一段 11 號 13 樓
電話／(02) 2571-0297
傳真／(02) 2571-0197
劃撥／0189456-1
著作權顧問　蕭雄淋律師

初版一刷　2023 年 9 月 1 日
初版四刷　2024 年 3 月 22 日
定價　新臺幣 360 元
ISBN　978-626-361-177-1

YLib.com 遠流博識網
www.ylib.com
Email: ylib@ylib.com

國家圖書館出版品預行編目（CIP）資料

教出殺人犯 I：你以為的反省，只會讓人變得更壞
岡本茂樹 作；黃紘君 譯
初版；臺北市；遠流出版事業股份有限公司；2023.09
256面；14.8 × 21公分
譯自：反省させると犯罪者になります
ISBN：978-626-361-177-1（平裝）

1. 矯正教育　2. 青少年犯罪　3. 青少年問題

548.7114　　　　112010290